예술경영지원센터
예술산업아카데미총서 2

공연예술 해외진출 가이드

A Guide for
the International Exchange
and Mobility

– Performing Arts

이음스토리

들어가며

공연예술의 국제교류는 어떻게 하는 것일까요

현장에서 만나는 예술가와 기획자들의 질문을 받을 때면 늘 좋은 답을 찾기 위해 고민했습니다. 국제교류의 정의와 방법론이 다양한 만큼이나 그 방법론 역시 하나로 규정하기 어려웠고, 매뉴얼을 참고하더라도 환경의 변화와 수많은 변수에 대응하는 것은 쉬운 일이 아니었지요. 어쩌면 완벽한 답안지를 가지고 있지는 않다는 것을 이 책의 서론에 분명히 밝혀야겠습니다. 국제교류의 방법론을 열거하기에 앞서, 국제교류의 시작은 어떠했는지, 목적이 무엇이었는지, 어떠한 과정을 거쳤는지, 어떠한 것들을 이루어냈는지 다시금 살펴봅니다.

제가 처음으로 일을 시작했던 곳은 공연예술 축제였습니다. 해외 공연을 섭외하고, 한국에 초청하기 위한 전반의 과정에서 프로듀서의 역할을 맡아 공연 섭외, 협상과 계약, 항공 및 화물 조율, 현장 운영과 의전까지의 계획을 수립하고 실행하는 것이 저의 업무였습니다. 축제에서 국제교류 인바운드 노하우를 익히게 된 것을 토대로 해외에 한국 예술가를 소개하는 아웃바운드까지 업무를 맡기 시작하며, 공동창작과 협업, 아트마켓에서의 작품 프로모션 등으로 활동의 영역을 확장할 수 있었습니다. 때로는 길이 보이지 않을 만큼 막막하기도 했지만, 오랜 시간 준비했던 공연이 해외 무대에서 관객을 만났을 때는 그만큼 큰 기쁨이 있었죠.

국제교류, 해외진출이라는 말을 들으면 어떤 것을 떠올리시나요

어딘가로 떠나서 낯선 곳에서 공연을 올리는 일은 종종 화려함만으로 기억되기 쉽습니다. 하지만 이렇게 국제적인 활동이 가능하기 위해서는 구체적인 목표 설정과 파트너 찾기, 긴 호흡의 교류를 통한 신뢰 쌓기, 재원 조성 전략, 예측하지 못했던 상황들에 대응할 수 있는 문제해결 능력과 융통성, 낯선 환경과 문화를 이해하는 문해력 등 수많은 노력이 필요합니다.

[공연예술 해외진출 가이드]는 공연예술 분야의 해외진출과 국제교류 목적으로부터 방법론을 살피고, 각자에게 맞는 방식을 모색하는 것을 돕기 위한 디딤돌이 되고자 합니다. 국제교류를 구상하며 작품의 해외진출을 도모하는 예술가, 기획자, 예술단체를 대상으로 기획되었습니다. 초기의 국제교류 관련 서적들이 '전략적 해외진출'을 다루며 '한국 작품의 해외 진출'에 초점을 맞추었다면, 본 가이드북은 다양한 방식으로 확장되고 있는 국제교류의 방법론들을 다시금 살피며, 나아가 국제교류의 새로운 담론과 윤리들을 이해하는 것을 목적으로 합니다.

한국 작품의 해외진출, 국제교류를 구상해 봅니다

이 책은 각자에게 맞는 국제교류의 전략을 만들어 보는 것을 제안합니다. 여러분의 작품이 해외 시장으로의 진출을 구상하는 이유가 무엇인지, 해외진출을 한다면 어떤 것을 꿈꿀 수 있을지 밑그림을 그리며, 해외진출에 대해서 막연하게나마 알고 있던 것들을 조금 더 구체적으로 살피고, 각자에게 맞는 전략을 설계할 수 있기를 바랍니다.

- 임현진 -

목차

들어가며 · 002

공연예술 해외진출 가이드

1. 국제교류의 이유

1-1. 국제교류의 목적 · 009
1-2. 국제교류의 유형 · 012
1-3. 국제교류의 다양한 직무 · 017

2. 국제교류 시장과 네트워크 탐색

2-1. 시장의 유형과 특징 분류 · 023
2-2. 장르별 마켓·축제 · 028
2-3. 권역별 마켓·축제 · 035
2-4. 국제교류 네트워크, 기관 · 042

3. 작품의 해외진출 프로세스

3-1. 프리 프로덕션 · 049

3-2. 프로덕션 · 077

3-3. 포스트 프로덕션 · 082

4. 국제교류의 새로운 담론

4-1. 새로운 모빌리티 · 085

4-2. 포용성, 다양성, 형평성, 접근성 · 087

부록

부록 1.   계약서 예시(영문, 국문) · 091

부록 2.   테크라이더 예시(영문) · 119

부록 3.   무대용어 정리 · 135

국제교류의 이유

1. 국제교류의 이유

1-1. 국제교류의 목적

2017년 제정된 「국제문화교류 진흥법」은 국제문화교류를 문화, 예술, 관광 등의 관련 분야에서 국가 간 상호문화에 대한 이해를 증진하기 위하여 수행하는 국제적 협력 및 활동이라고 설명하고 있다. 국제문화교류는 문화라는 콘텐츠를 통해 문화 주체성이 상이한 타 주체와 상호 교류하는 활동을 의미하는 것으로, 나아가 문화의 각 영역에서 타국의 주체와 상호 관계를 맺고, 문화의 이해와 창조적인 자극을 얻는 활동이다. 「국제문화교류 진흥법」에서는 이러한 활동을 통해 국가 차원에서는 문화산업이 다각도의 발신과 수용을 할 수 있는 계기를 마련하며, 문화적인 발전을 성취할 수 있고, 전 지구적 차원에서는 문화 다양성의 지속과 확산에 기여한다고 이야기한다.

예술경영의 관점에서 국제교류의 목적으로 좀 더 구체적으로 살펴본다면 다음과 같은 내용들을 이야기할 수 있겠다. 첫 번째는 예술의 교류와 발전이다. 국제교류는 예술가와 예술단체들의 예술적 발전을 목표로 한다. 예술단체와 예술가들은 다양한 국제교류 활동을 통하여 문화예술의 상호 교류를 실현하고, 문화 다양성을 구현하며, 이를 통해 서로 다른 문화를 이해하게 된다. 두 번째는 예술시장의 활성화이다. 해외시장 개척이나, 공연의 초청, 해외 공연의 유치를 통해 예술 콘텐츠의 수·출입을 촉진하고, 일회성의 초청 공연으로부터 지역 및 권역 내의 투어에 이르기까지 시장 가능성을 확장하고 경제적인 효익을 얻는 것이다. 이러한 활동은 공동제작 등의 신작 개발이나 타 예술단체와의 협업 및 공동창작 등으로 이어지기도 하며, 예술시장에서의 활동을 다각화한다. 세 번째는 예술 협력의 가능성 확대이다. 국제적인 공연예술 활동은 예술가들끼리의 교류와 협력을 촉진한다. 예술가들은 서로의 작품과 방법론을 공유하고 영감을 받으며 성장한다. 그리고 국제교류 활동은 예술가들에게 새로운 경험과 시각을 제공하고, 창의적인 아이디어와 협업 기회를 만들어 준다. 이는 새로운 예술 창작의 동력을 얻는 선순환으로 이어지며, 궁극적으로는 예술의 발전을 구현한다. 이 외에도 예술을 통한 경제적 부가가치 생산을 통해 관광과 경제 활성화 등 문화산업 차원에서의 성취를 달성한다는 점, 그리고 「국제문화교류진흥법」에서 언급된 바와 같이 문화외교와 문화원조 차원에서 문화적인 소통을 통해 초국가적인 관계 맺기와 문화 확산의 효과를 도모한다는 점 역시 중요한 목적이라고 할 수 있겠다.

#예술적성취 #인지도향상 #발전과성장 #새로운관계 #부가가치생산 #유통주기확장

언급된 국제교류의 목적을 보다 단순하게 정리한다면 경제적 효익과 예술적 성취의 두 가지로 분류해 볼 수 있겠다. 이러한 분류를 위치화하여 표시함으로써 각 예술단체 및 예술작품이 추구하는 국제교류의 목적을 보다 구체적으로 이해하고, 이에 맞는 전략을 찾아보자. 다음의 그림은 [경제적 효익]과 [예술적 성취]를 양 축으로 두며 국제교류의 각 사례들을 분류하여 국제교류의 목적을 경제적 효익에 두고 있는 케이스와 예술적 성취를 추구하는 것에 좀 더 초점을 맞추고 있는 케이스로 표기한 것이다. 객관적인 수치화 및 통계를 위한 자료보다는 저마다의 기준을 살펴보는 것을 돕고, 각자의 프로젝트가 지닌 목적, 시기와 전략을 구분해 보는 생각의 틀이 될 수 있겠다.

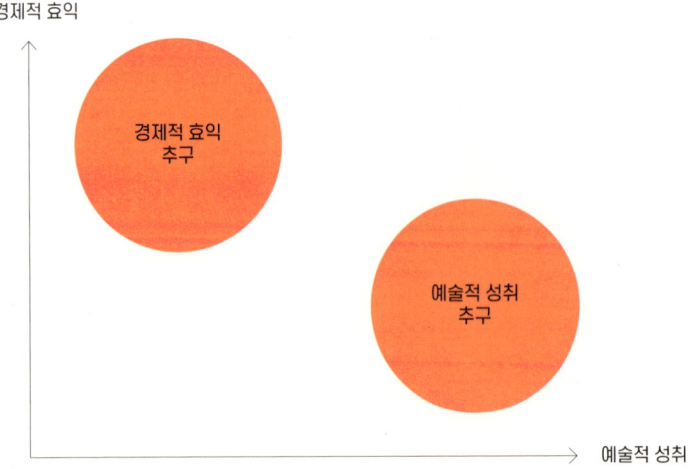

조금 더 광범위한 차원에서 국제교류에 대해 이해해 본다면 어떨까. 국제교류의 논의가 시작된 배경에는 문화외교와 소프트파워에 대한 개념을 이해하는 것이 도움이 된다. '문화외교'는 국가 간의 협력 관계를 강화하고, 국가의 이미지를 강화하며, 국제적인 이해를 촉진하기 위해 문화를 활용하는 외교적인 활동을 의미한다. 이러한 활동이 문화산업에 영향을 미치며 경제적인 선순환 효과를 만드는 것에도 기여한다는 것이 문화외교의 기초적인 목적이 되는 것이다. 이러한 관점에서 소프트파워의 개념 역시 중요하게 다루어져 왔다. '소프트 파워'는 국가가 자국의 가치·문화·정치체제·정책 등을 통해 다른 국가들에게 긍정적인 영향력을 행사하는 능력을 말하는 것으로, 국가가 군사력이나 경제력으로 다른 국가들을 설득하거나 강요하는 하드 파워와 대조적인 개념이다. 소프트 파워는 주로 문화적 영향력을 설명하는 데 사용되곤 하는데, 문화·예술·언어·종교 등의 다양한 문화적인 요소를 통해 다른 국가들에게 영향을 미치는 현상과 과정을 포괄하며, 이를 통해 자국의 가치와 아이디어를 전파하고 타국과의 문화 교류와 이해를 촉진하는 도구로서 기능한다.

다만 소프트 파워에 대한 논의는 최근 변화하는 경향을 보이고 있다. 국제교류에서 문화가 목적을 달성하기 위한 수단으로만 여겨지는 것이 아니라 문화 자체의 발전을 위한 고민으로부터 교류 설계의 필요성이 강조되고 있다. 상호 호혜성[1]은 서로 다른 주체들이 혜택을 주고받으며 상호적으로 이익을 추구하는 원칙을 의미한다. 이는 문화의 전파나 문화를 통한 특정 목적 달성을 추구하는 것과는 다른 접근을 보여 준다. 상호 호혜성은 서로 다른 문화적 정체성을 인정하고 이해하는 것으로부터 시작한다. 서로 가진 정보와 자원을 공유하고, 교류를 통해 문화 자체가 지닌 가치를 함께 발전시키는 일에 주목하는 것을 궁극적인 목표로 삼는 접근이라고 할 수 있겠다.

다양성(Diversity), 상호 의존성(Interdependency), 초국가성(Transnationality), 공정성(Fairness) 역시 중요한 가치로 부각되고 있다. 국제교류를 통해 우리는 다양한 문화적 배경과 관점을 포용하고 존중하며, 서로가 상호 의존적인 존재라는 점을 인지하고 영향을 주고받는다. 국제교류는 국가와 국경의 경계와 구

---

1) 상호 호혜성(相互互惠性, Reciprocity)

분을 넘어서서 협력하며 인류의 문화 발전이라는 공동의 목표를 달성하도록 돕는다. 이를 위해서는 경제적 효익과 운영의 효율성만을 추구하는 것이 아니라 공정하고 균형있는 방식을 통하여 국제교류를 수행하는 것이 중요하다.

> **Tip 해외진출? 천천히, 빠르게!**
> 해외진출은 조급하게 준비해서 수행할 수 있는 일이 아닌 만큼 천천히 신뢰를 쌓으며 만들어 가야 하지만, 동시에 변화하는 국제적인 동향에 발맞추어 빠르고 시의성 있게 대응할 수 있어야 한다.

1-2. 국제교류의 유형

국제교류의 유형과 전략, 형식은 빠르게 변화하고 발전해 왔다. 초기의 해외진출은 국제적인 축제나 극장 등에 초청되어 공연을 올리는 방식의 작품 교류 과정에서, 완성된 형태의 결과물을 내는 것이 중점이었다. 하지만 최근의 국제교류는 일방향의 교류와 초청을 넘어서 상호 관계나 다자간 협력을 기초로 하는 방식으로 변화 확산되고 있으며, 예술 창작 과정과 협업을 통한 작품의 개발 등으로까지 활동 영역이 확대되며 발전하고 있다.

1) 작품교류, 초청

#인바운드 #아웃바운드 #쌍방향교류

축제, 극장이나 예술기관 등이 국외 작품을 초청할 때는 초청 주체와 환경에 따라 다양한 방식으로 초청이 이루어진다. 1) 주최측(축제 및 공연장)에서 예술단체(해외 초청작)의 공연료와 항공료, 화물비 및 숙박비 등 전반의 비용을 모두 제공하는 경우부터, 2) 주최측이 공연료와 현지 숙박 등 일부의 비용은 제공하지만 항공료 및 화물비 등의 여비를 예술단체가 부담해야 하는 경우, 3) 공연료 등을 포함하여 대부분의 비용을 예술단체가 부담해야 하는 경우까지 다양한 조건이 있다.

주최측과 예술단체 간의 역할 조율과 재원 조성 등 조건의 정도에 따라 교류의 목적이 '경제적 효익'으로부터 '예술적 성취' 등 대의적 목표에 이르기까지 다양할 수 있겠다. 상호 협력의 차원에서 작품교류 및 초청은 국가 및 도시, 축제와 공연장 간의 쌍방향 초청 등의 형식으로 확장되기도 한다.

작품교류와 초청 등 해외진출을 계기로 예술단체는 현지의 예술단체나 축제·극장 등과 관계를 쌓고, 향후 좀 더 긴 호흡으로 협력하여 국제 공동제작이나 공동창작 공연 등 공동의 프로젝트를 수행하거나, 작품의 창·제작과 유통의 전반에 걸쳐 국제화를 염두에 둔 전략을 마련하며 사업을 확장할 수 있다.

> **Case 극단 몸꼴, 싱가포르 에스플러네이드 극장 초청 공연**
>
> 신체극, 거리극을 중심으로 활동하는 극단 몸꼴이 2021년 싱가포르 에스플러네이드 극장에서 주최하는 축제 '플립사이드 페스티벌'에 초청되어 공연을 올렸다. 공연료, 항공비, 숙박비, 운송비 등의 비용을 축제에서 부담하는 조건으로 계약이 성사되었다.

2) 공동창작, 공동제작

#상호교류 #국제협력

공동창작과 공동제작은 예술단체가 해외의 예술단체, 공연장, 축제 등과 보다 긴 호흡의 교류를 통한 공동의 프로젝트를 수행하는 것이다. 예술가 및 예술단체 간 국제적 협업 및 협력을 토대로 하는 창작 과정에 초점을 둔 '국제공동창작(International Co-creation)'과 공연장, 축제 등이 예술단체에게 작품 제작을 의뢰하고 창·제작 과정에 필요한 재정의 일부 또는 전체를 지원하는 커미셔

닝(Commissioning) 형태의 '국제 공동제작(International Co-production)' 등이 이에 해당한다.

'공동창작'의 경우 단순히 작품을 창작하는 과정에만 머무르는 것이 아니라 향후 유통을 염두에 둔 설계가 필요하다. 작품을 창작하는 단계에서 프리젠터가 정해지지 않았을 때에는 작품을 어떻게 선보일 것인지 고려하며 타깃 시장과 관객에 대한 연구를 병행해야 한다. '공동제작'의 경우에는 작품의 초연 및 이후의 유통을 목표로 창작 및 개발의 과정을 진행한다. 작품의 창·제작 과정에 참여하는 주요 예술가 및 스태프 등을 공연장·축제가 직접 제안하거나 함께 논의하기도 하고, 공연장·축제가 프리젠터로서의 역할을 넘어 프로듀서로서의 역할을 하게 되기도 한다. 이때, '공동창작'은 전략적인 방법으로서 '공동제작'의 과정이자 도구가 되기도 한다. '공동제작'에서는 공연장·축제와 예술단체가 공동으로 재원을 조성하고 수익을 배분하며, 협의에 따라 각 주체의 역할과 책임의 범위를 달리한다.

> **Case 크리에이티브 바키/프로듀서그룹 도트와 독일 뮌헨 레지덴츠 테아터의 공동제작**
>
> 한국의 '크리에이티브 바키'와 '프로듀서그룹 도트'는 독일의 뮌헨 레지덴츠 테아터(Residenz Theater)와 함께 2018/19년 한국과 독일을 오가며 작품 '보더라인'을 공동제작하여 한국과 독일에서 공연을 올렸다.

3) 라이선싱 공연, 전략화 공연

#전략적교류 #현지화

현지에서 전용극장을 통해 오픈런 공연을 추진하거나 작품의 라이선싱 계약을 통해 현지 프로덕션을 운영하는 것 역시 전략적 해외진출의 방법 중 하나이다. 라이선싱 공연은 어떤 작품이나 콘텐츠의 사용 권한을 얻어 해당 작품을 공연하거나 다양한 방식으로 이용하는 것을 의미한다. 경우에 따라서 저작물의 소유자가 다른 단체나 개인에게 작품을 사용할 수 있는 권한을 부여하기도 한다. 이런 전략적 교류는 공연뿐만 아니라 영화, 드라마, 뮤지컬 등 다양한 매체에서도 적용되고 있다.

라이선싱은 주로 상업적인 목적으로 사용되고, 상호 동의에 기반하므로 작품의 이용 범위, 기간, 사용료 등의 협상 및 상세한 법적 계약이 필요하다. 이때에는 작품의 사용에 대한 비용이나 일정 기간마다 일정 금액을 지불하는 방식 등을 논의하게 된다. 작품의 특징과 유형에 따라 방법론 역시 다양하게 적용할 수 있다. 최근에는 저작권 및 작품의 고유성에 대한 해석의 범주를 다양화하며 '컨셉 투어링'의 개념을 적용하여 작품의 주요 요소만 이동하되, 이외의 요소들을 현지화하는 등의 방식 역시 주목을 받고 있다.

> **Case 마말리안 다이빙 리플렉스와 코끼리들이 웃는다의 협업을 통한 공연 현지화**
> 캐나다를 거점으로 국제적 활동을 해 오고 있는 '마말리안 다이빙 리플렉스(Mammalian Diving Reflex)'와 한국의 예술단체 '코끼리들이 웃는다'는 협업을 통해 작품 'All The Sex I've Ever Had'를 현지화하여 공연 '잠자리 연대기'를 공동창작했다.

4) 레지던시, 워크숍, 펠로우십

#인적교류 #과정중심

레지던시는 앞서 언급한 과정 중심의 국제교류와 더불어 최근 더욱 주목받고 있다. 국제행사에 참여하거나 국제 리서치, 워크숍, 펠로우십 프로그램 등을 수행하는 것도 인적자원의 교류를 중심으로 해외진출의 방법론을 보다 다채롭게 만드는 요소 중의 하나이다.

레지던시(Residency)는 예술가, 작가, 연구자 등이 특정 장소에서 주어진 기간 동안 작업하고 창작 활동을 수행하는 프로그램을 말한다. 사업의 특성에 따라 창작에 필요한 비용을 지원하는 경우도 있고, 참가비 등을 납부해야 참여할 수 있는 레지던시 등 형태와 방식이 다양하다. 예술가는 새로운 환경에서 영감을 받으며 창작 활동을 이어 나갈 수 있는 기회를 얻게 되고, 다양한 국적과 배경을 가진 예술가들이 모여 교류하게 되어 향후 협력의 파트너를 찾는 등 지역 및 국가 권역에 대한 이해를 토대로 새로운 시장 진출의 계기를 확장하게 된다. 워크숍(Workshop)과 펠로우십(Fellowship) 역시 특정 주제나 기술에 대해 교육과 상호작용이 이루어지는 프로그램이다. 이는 예술가 및 예술단체의 국제적인 역량을 강화하고, 세계 시장에 대한 이해를 높이는 데 기여한다. 과정 중심의 인적교류는 참가자들 간의 문화적 다양성을 존중하고 이를 통해 창의적인 협력과 통찰력을 발전시키는 것을 목적으로 한다. 나아가 이러한 프로그램은 앞서 언급된 '국제 공동제작' 및 '국제 공동창작'의 과정으로 설계되어 향후 해외진출을 성사시키기 위한 주요한 디딤돌의 역할을 하기도 한다.

> **Case 서영란 안무가의 독일 K3안무센터 레지던시**
> 서울무용센터와 독일 함부르크의 K3안무센터에서 협력하여 개최하는 2022 안무가 교류 프로그램의 일환으로 한국의 안무가 서영란이 레지던시에 참여하였다. K3는 무용 분야의 전문성을 가지고 운영되는 국제 레지던시 중 하나이다.

5) 문화외교 활동

#공적개발원조 #수교사업

문화외교는 문화와 예술을 통해 다른 국가와의 교류를 촉진하고 상호 이해를 높이는 활동을 의미한다. 공연예술은 이러한 문화외교의 핵심 요소 중 하나로서, 해외진출을 통해 국가의 예술과 문화를 세계에 소개하고 국제 사회와 소통하는 중요한 수단이 된다. 문화원이나 대사관 등 외교적 목적을 수행하는 기관과 협력하여 현지 국가에 진출하거나 특정 국가와의 수교 사업에 참여하여 초청 공연 또는 기획 공연을 하게 되는 유형이 문화외교 차원의 해외진출에 해당하겠다.

국가 및 권역 단위의 조직 간 협약을 체결하여 교류를 활성화하고, 공동의 프로젝트를 추진하거나, 현지 문화 기관 및 주최국과의 긴밀한 협력을 통해 공연예술의 현지 시장 진출 가능성을 높이고, 성공적인 진출을 위한 전략을 마련하기도 한다. 국제적인 연대와 이해를 촉진하는 데 기여하는 것이 문화외교 활동의 궁극적인 목표이다. 이들 중 일부는 국제개발협력 또는 공적개발원조(ODA, Official Development Assistance)의 형태로 개발도상국이나 국제기구 등을 지원하는 목적으로 운영되기도 한다. 국가 간 수교 행사 등으로 구성되는 사업의 경우 주제적 접근을 통한 큐레이션과 프로그래밍을 하거나, 국가 간 예술위원회 등의 공동기금 마련을 통해 연구·개발 과정 등을 포함한 중장기 사업으로 운영되는 경우 역시 찾아볼 수 있다.

> **Case 경기도무용단의 한-스위스 수교 60주년 기념 공연 참여**
>
> '경기도무용단'은 2023년 주요 외교 계기 기념사업 공모에 선정되어 '한-스위스 수교 60주년 기념 공연'에 참여하여 대표 레퍼토리 공연을 현지 관객들에게 선보였다. 주스위스대한민국대사관의 초청으로 진행된 본 공연은 2023년 9월 루체른의 공연장 KKL에서 이루어졌다.

1-3. 국제교류의 다양한 직무

국제교류와 해외진출의 영역이 고도화됨에 따라 직무의 영역과 역할 범위 역시 다양해지고 있다. 다만 이러한 직무의 분류는 각 영역 간의 역할을 보다 상세하게 이해함으로써 각각의 전문성에 초점을 맞추기 위한 것에 가까우며, 각 역할을 배타적으로 규정하기 위한 것이 아니다. 국제교류를 수행하는 조직 및 단체의 규모와 공연의 특성 및 사업의 목적에 따라 다수의 직무가 서로 연결되거나, 한 사람이 여러 직무를 동시에 수행하게 되는 것이 일반적이다.

1) 프리젠터·프로그래머 (Presenter/Programmer)

프리젠터는 예술 작품이나 프로그램을 대중 앞에 소개하고 설명하는 역할로, 작품을 관객에게 연결해 주는 이들을 의미한다. 프로그래머는 예술 행사, 페스티벌, 전시회 등을 기획하고 프로그램을 조직하는 역할을 수행한다. 공연장이나 축제의 예술감독, 프로듀서, 큐레이터 등이 이에 해당한다.

2) 에이전시 (Agency)

예술가나 예술단체를 대신하여 작품의 유통 경로를 확보하고, 국제적으로 활동할 수 있도록 지원하는 기관이나 조직이다. 작품의 투어 및 예술가와 예술단체의 일정 관리, 국제적 연결 및 협상, 마케팅 및 홍보 등을 담당한다. 에이전시와 함께 일할 때는 예술단체와 에이전시가 서로 어떤 역할을 분담하게 되는지 사전에 명확하게 규정하는 것이 필요하다.

3) 프로모터 (Promoter)

예술가나 예술단체 및 공연을 대중에게 홍보하고 공연 유통 성과를 효과적으로 만들어 내기 위해 노력한다. 마케팅 전략 수립, 광고 캠페인 기획, 티켓 판매 등을 담당하며, 일정 부분 에이전시와 역할을 공유한다.

4) 매니저 (Manager)

예술가나 예술단체의 경영 및 일정, 재정, 협상 등을 관리하는 역할을 수행한다. 국제교류에서는 작품의 투어 일정 조율, 협상, 계약 등을 책임지며, 해외 현지에서 공연을 할 경우 현장에서 예술가의 매니저 역할을 맡는다.

5) 프로듀서 (Producer)

공연이나 예술 작품의 제작 과정을 총괄하는 역할을 맡는다. 예술가와 협력하여 예술 작품을 계획하고 제작하며, 예산 관리, 일정 조율, 제작진과의 협업을 관리하며, 작품 및 예술단체의 특성에 따라 에이전시, 프로모터, 매니저의 역할을 겸하게 된다.

6) 예술가 (Artist)

예술 작품을 창작하고 선보이는 주체로, 예술 작품의 창작 및 발표뿐만 아니라 국제 무대에서의 활동을 통해 예술가로서의 경력과 인지도를 쌓고, 국제시장에 작품을 소개하고 홍보한다. 작품 및 예술단체의 특성에 따라 프로듀서, 에이전시, 프로모터, 매니저의 역할을 겸하게 된다.

국가 주도의 해외진출이 국제교류의 중심축에 있던 시기와는 달리, 2000년대에는 문화산업에 대한 관점이 각광을 받기 시작하며 예술가, 예술단체, 조직 및 네트워크 차원의 국제교류가 보다 활성화되기 시작했다. 국제교류의 방법론 역시 권역 중심, 도시 간 교류, 극장 및 축제 간 교류, 예술가 및 예술단체 간 교류 등 저마다의 방식과 전략으로 확장되었다. 일방향적이고 일회적인 해외진출이 아니라 다양한 주체들의 관여, 수평적인 만남, 다층적인 교류, 그리고 전략화 등이 필요하다는 점을 인지하게 된 것이다. 코로나19를 겪으며 국제교류의 도구 역시 보다 다각화되었는데, 물리적인 형태의 교류를 넘어선 국제교류의 디지털화, 혹은 물리적 교류와 디지털의 기술을 접목한 하이브리드 방식의 교류 등이 주목받기 시작했다.

이러한 변화의 흐름하에 우리는 국제교류 분야의 전문가와 매개자의 역할이 강조되고 있다는 점을 살펴볼 수 있다. 국제교류의 전문가와 매개자는 예술가 또는 예술작품의 국제적, 교류적 가치를 이해해야 한다. 그리고 시장과 동향에 대한 이해를 토대로 전략을 수립하며, 교류의 가능성을 살피며 파트너를 소개하고, 이를 구현하기 위한 자원을 마련해야 한다. 문화적 드라마터그와 로컬 코디네이터 등의 역할이 강조되고 있는 것 역시 비슷한 맥락에서 살펴볼 수 있겠다. 이러한 일들을 수행하기 위해서는 새로운 세상과 낯선 문화에 대한 호기심, 서로 다른 배경과 환경을 읽어 내고 이해하는 문해력, 다른 언어를 사용하는 이들과 소통하고자 하는 의지, 그리고 예술시장의 흐름과 다양성을 이해하고자 하는 노력이 필요하다. 더불어 프로젝트에 필요한 자원이 무엇인지 파악하고 그 자원을 어떻게 얻을 수 있는지 찾는 능력 역시 중요한 역량 중 하나이다.

> **Tip 아트마켓에서 살아남기**
> - 국내 지원기관을 최대한 활용하고 파악하기
> - 소개 자료를 철저히 준비하기, 통·번역 및 검수
> - 국제교류를 위한 인력 섭외, 양성(컴퍼니 매니저, 프로모터, 에이전시, 프로듀서)
> - 기술 운영 및 화물 운송 관련 계획 사전에 점검하기, 실제로 투어 가능한 컨디션 만들어 두기
> - 진출하고자 하는 마켓, 축제에 대한 철저한 사전 조사
> - 기 진출자 및 관련 자료 리서치를 통한 목적 설계
> - 국제적 인지도 높이기
> - 국내외 전문가의 추천, 리뷰 강조
> - 나를 기획하기
> - 내가 기여할 수 있는 것을 파악하고, 대화를 시작, 공통의 관심사 파악하기
> - 시간과 노력 투자
> - 긴 호흡의 파트너십 설계를 목적으로 하기
> - 지혜와 순발력
> - 취향과 트렌드 파악

02

국제교류 시장과
네트워크 탐색

2. 국제교류 시장과 네트워크 탐색

2-1. 시장의 유형과 특징 분류

본격적으로 해외진출의 기회를 마련하기 위해서는 시장의 유형과 특성을 이해하고 예술 작품과 예술가, 예술단체에게 맞는 시장을 목표로 삼는 것이 중요하다. 해외진출의 기회를 연결하고 가능성을 매개하는 시장의 유형과 특징을 살펴보며, 각 시장의 규모와 형태, 주요 프로그램을 파악할 수 있어야 한다. 그러면서 빠르게 변화하는 국제교류의 동향을 이해하고, 각자의 작품에 적합한 전략을 마련하는 것이 국제교류의 첫 단추가 된다.

1) 아트마켓

아트마켓은 예술 작품의 유통을 중심으로 한 비즈니스 마켓을 말한다. 아트마켓은 문화산업과 경영학적인 관점에서 볼 때 공급자인 예술가가 만든 작품을 수요자인 프로모터, 제작자, 극장, 축제 감독 등 프리젠터에게 판매하거나, 수요자가 원하는 작품을 공급할 수 있게 하는 장으로 일종의 견본시(見本市)라 정의된다. 일반적으로 공연예술 시장에서 수요와 공급의 주체를 관객과 예술가로 본다면, 아트마켓의 수요와 공급은 기획, 제작자와 예술가, 예술단체로 보기 때문에 전자를 소매시장이라 한다면, 후자는 사전 유통구조인 도매시장이다.[1]

공연예술을 중심으로 한 아트마켓은 아시아, 중남미, 북미, 유럽 등 권역 중심의 예술시장으로 역할을 구체화하거나 장르별 혹은 종합예술 분야별 마켓으로 활성화되어 왔다. 공연예술 콘텐츠를 일부 선보이는 형태로 쇼케이스(시연)하거나, 전막 공연으로 선보이고 프리젠테이션 형식으로 작품을 설명하는 피칭 프로그램을 운영하기도 한다. 또한 예술가·작품·단체 등을 소개하

---

[1] '아트마켓 가이드', 2011, 예술경영지원센터, 임인자, 김옥진

는 부스 전시의 방식으로 구성되기도 한다. 대표적으로 한국의 서울아트마켓(Performing Arts Market in Seoul, PAMS), 캐나다의 시나르 비엔날레(CINARS Biennale), 호주공연예술마켓(Australian Performing Arts Market, APAM) 등을 예로 들 수 있다.

아트마켓에서는 공모 또는 기획의 형태로 구성되는 아트마켓의 공연(쇼케이스 또는 전막 공연) 프로그램에 직접 참여하거나, 작품을 소개하는 발표(피칭 또는 프리젠테이션)를 통해 해외진출과 재원 조성, 파트너 찾기 등을 도모할 수 있다. 더불어 포럼이나 라운드테이블처럼 공연예술 시장의 동향을 이해하고 담론을 확장하기 위해 마련된 대화 자리 역시 마켓 참여의 주요한 요소이기도 하다. 무엇보다도 마켓에 참여한 이들이 서로를 만날 수 있는 네트워킹 프로그램 등의 자리에 적극적으로 참여하고, 마켓에 참여한 다양한 델리게이트[2]들과 개별적으로 미팅을 추진하는 것은 마켓에 참여하며 기본적으로 수행하게 되는 일이다.

아트마켓에 참여하기 위해서는 어떤 마켓이 각자의 목적에 부합하는지 충분하게 사전 리서치를 하고, 해당 마켓의 특징과 주요 참여자들에 대한 정보를 얻는 것이 필요하다. 마켓에 참여하기로 결정했다면 쇼케이스를 통해 직접 공연을 선보이는 것 이외에도 마켓 참가자로 등록하여 마켓의 다양한 프로그램과 교류의 자리에 참여하는 것이 가능하다. 아트마켓은 장르를 중심으로 운영되는 마켓들과 공연예술 전반의 장르를 포괄하는 마켓으로 구분된다. 대부분의 아트마켓은 참가자 등록을 유료로 진행하고 있으며, 등록에 필요한 비용은 마켓마다 다르다. 프로그램에 참여하는 것뿐만 아니라 부스 전시 등을 하게 되면 부스 등록과 홍보물 비치, 인력 운영 등에도 비용이 발생하기에 정확한 마켓 참여의 목표를 설정하고 어떠한 방식과 규모로 참여할지를 결정하는 것이 요구된다. 더불어 참여자들의 명단을 미리 살펴보고 관심사 등을 파악하여 미팅 요청을 하는 것 역시 빼놓을 수 없는 중요한 일이다. 즉 마켓에 참여한다는 것은 투자에 가깝다. 어떤 목적으로 참여하는지, 참여를 통해 얻고자 하는 것이 무엇인지 미

---

[2] '델리게이트(Delegate)'란 대리인, 대표자를 뜻하는 말로, 아트마켓에서는 소속 단체나 기관을 대표해서 등록한 참가자를 의미한다. 작품을 소개하는 주체인 예술가 및 부스 전시자가 아니라 아트마켓에 작품을 구매하기 위해 방문한 프리젠터, 프로듀서 등을 아트마켓에서는 주로 델리게이트(Delegate)라고 부른다.

리 파악하고 마켓 참여의 효익을 높이기 위한 치밀한 준비와 전략이 필요하다.

2010년 이후의 아트마켓은 정보 공유와 인적 교류, 협업의 파트너십 개발, 지역 및 권역 내 교류의 강조 등으로 그 전략을 다각화하고 있다. 이러한 변화는 코로나19를 전후로 더욱 고도화되었는데, 다수의 아트마켓이 '유기적 만남의 자리'를 강조하는 것에서도 이러한 변화를 살펴볼 수 있다. 직접적인 재화를 사고파는 일반적인 형태의 시장이 아니라, 창작의 아이디어와 정보를 교환하고, 제작 전 작품(Pre-production) 등을 소개하는 등 협력 파트너를 찾고 새로운 기회를 모색한다는 점에서 플랫폼으로서의 역할이 더욱 부각되고 있는 것이다.

2) 축제

유럽의 축제 감독 라이너 호프만(Reiner Hofmann)은 2015년 '네덜란드 스프링 페스티벌' 오프닝 연설에서 이런 이야기를 한다.

> "이상적인 축제는 국제적이다. 대부분의 극장들이 평소 국가와 지역 범위 안에서 작품들을 소개한다면, 축제는 세계라는 것이 좁은 범위의 국가로만 존재하는 것이 아니라는 점을 보여 주어야 한다. 특히 세계적으로 난민의 문제 등을 마주하는 시기에는 더욱 그러하다. 더불어 이상적인 축제는 지역적이다. 축제는 도시의 경계를 넘어 외부의 세계와 지역의 관객, 예술가, 교육을 연결한다. 이상적인 축제는 국제교류의 플랫폼이다. 지역-국가-세계를 연결하는 예술가, 프로듀서, 프로그래머들의 만남의 장이다."[3]

축제의 국제성과 국제적 역할을 이야기한 위의 연설에서 국제교류의 플랫폼으로서 축제가 수행하는 일들을 살펴볼 수 있다. 연중 프로그램을 구성하고 소개하는 극장에서의 공연과는 달리 축제는 일정 기간 동안에 특정한 큐레이션 관점과 전략을 토대로 다수의 작품과 예술가가 참여한다는 점에서 강한 응집성을 지니고 있다. 이는 자연스럽게 예술가와 예술 작품을 알리는 파급력을

---

3) 'Moving Meetings Speech: The Unnecessary Festival', Reiner Hofmann, 2015

가진 확산 효과로 이어지게 되며, 규모가 있는 축제의 경우 작품을 소개하고 홍보하는 네트워킹 자리로 확장되게 된다. 대표적인 예로 에딘버러 프린지 페스티벌(Edinburgh Festival Fringe), 아비뇽 페스티벌(Festival D'Avignon) 등이 축제의 활성화와 더불어 아트마켓처럼 거점과 매개의 역할을 해 오고 있는 축제라고 할 수 있다.

이러한 축제들은 공연 프로그램의 구성 이외에 전문가들을 대상으로 한 별도의 프로그램을 기획하거나, 전문가 등록 제도를 통해 축제에 참여한 예술가, 종사자, 전문가들이 서로 만나고 교류할 수 있는 교두보를 마련한다. 대부분의 공연이 쇼케이스의 형태로 시연되는 아트마켓과는 달리 전막 공연을 중심으로 구성된다는 점에서 아트마켓과의 차이점이 있다. 축제에 참여하는 예술가 및 예술단체의 입장에서는 축제에 초청되어서 관객을 만날 수 있다는 장점 이외에도 전문가들에게 작품을 소개할 기회를 가지게 됨으로써 축제 참여를 통한 효익을 극대화할 수 있다.

한편 축제의 입장에서는 축제에서 기획한 프로그램과의 연계를 통해 마켓을 효율적으로 운영할 수 있다는 장점이 있다. 나아가 이러한 전략은 축제 자체를 프로모션하는 효과를 거두기도 하기에, 많은 축제들이 작게는 전문가 네트워킹 형식의 프로그램부터 크게는 축제의 규모와 견줄 만큼 프로그램을 구성한 아트마켓을 함께 운영하고 있다. 축제와 더불어 아트마켓의 프로그램을 전략적으로 강조하여 운영하고 있는 곳으로 스페인의 거리예술축제 피라 타레가(FiraTarrega)와 피라 타레가 아트마켓, 루마니아의 시비우국제연극축제(Festivalul International de Teatru de la Sibiu, FITS)와 시비우공연예술마켓이 있다.

공식적으로 아트마켓 형태의 프로그램을 갖추지 않은 축제들 역시 국제교류의 장으로서 역할을 하곤 한다. 공신력 있는 축제에 소개되었다는 것은 예술가와 예술 작품을 프로모션하는 데 좋은 도구가 될 수 있다. 게다가 해당 축제의 프로그램 전략과 방향성에 공감하는 타 공연장과 축제 등에게는 주요한 참고 자료가 되기도 한다.

축제에 참여하는 경우 아트마켓에서 수행하게 되는 것들과 크게 다르지 않은 방식으로 해외진출 기반 마련 전략을 수립할 수 있다. 참여한 델리게이트들과 인사를 나누는 것, 신뢰를 쌓고 동료가 되는 것, 서로 기여하고 공유할 수 있는 부분을 찾는 것이다.

3) 네트워크

네트워크는 인적교류, 정보·지식 교환, 네트워크 형성을 통해 미래의 협력을 도모하는 것을 목적으로 하는 국제적 교류와 연대의 장이다. 주로 국가 권역을 중심으로 운영되고 있으나 초국가적 단위의 국제 네트워크 역시 확산되고 있으며, 대화와 만남, 토론 프로그램 등을 중심으로 총회·세미나·워크숍 형태의 행사를 개최한다.

네트워크 행사의 경우 공연예술의 직접적인 판매와 유통에 초점을 맞추기보다는 지식과 정보를 공유하고 전문가 간 교류를 매개한다는 특징을 지니고 있다. 축제나 아트마켓처럼 작품을 사고파는 거래 촉진의 역할을 앞세우지는 않지만, 인적 자원들이 모이고 서로를 만나며 대화를 나누는 과정에서 자연스럽게 장기적인 교류와 협력이 만들어진다.

대표적인 네트워크 행사로는 유럽을 중심으로 한 국제공연예술네트워크(International Network for Contemporary Performing Arts, IETM), 뉴욕과 북미 중심의 국제공연예술회의(International Society for the Performing Arts, ISPA), 아시아의 프로듀서들이 조성하여 민간 단위의 교류를 활성화하고 있는 아시아프로듀서플랫폼(Asian Producers' Platform, APP) 등이 있다.

네트워크에 참여하는 것은 국제 공연예술계의 동향과 흐름을 파악하고 공통의 관심사를 지닌 동료들과 연대하고 협력하는 것에 도움이 된다. 시장 거래라는 실질적인 목적을 가지고 이를 달성하기 위하여 상대방을 만나는 자리가 아니다. 그렇기에 더 열린 가능성을 가지고 있는 자리이기도 하며, 이러한 면에서 마켓이나 축제보다 더 긴 호흡의 교류와 신뢰 형성이 강조되기도 한다.

> **Tip 축제 vs. 아트마켓**
>
> 실제로 예술계에서는 축제가 지닌 기능이 아트마켓으로 확장되거나, 아트마켓이 축제와 유사한 프로그램 전략을 취하는 것을 자주 살펴볼 수 있다. 축제형 아트마켓, 아트마켓형 축제, 견본시 아트마켓 등이 이러한 아트마켓을 분류하여 설명하는 용어로 사용되어 왔다. 다만 이제는 이렇게 유형을 분류하는 것보다는 각각의 축제, 아트마켓이 지닌 고유의 특성을 파악하고 이에 맞는 참여 방식을 전략적으로 고려하는 것이 더욱 중요해지고 있다. 다만 다음 장에서 언급하게 될 장르별, 권역별 마켓·축제에서는 이해를 돕기 위하여, 각 장르와 권역에서 주요한 역할을 하는 '아트마켓'과 마켓의 기능을 하는 '마켓형 축제', 그리고 직접적으로 마켓의 역할을 표방하지는 않지만 주요한 작품과 동향을 소개하며 국제적 협업과 매개의 역할을 하는 '허브형 축제'들을 보다 자세히 살펴보고자 한다.

2-2. 장르별 마켓·축제

1) 연극

① 아비뇽 페스티벌 Festival D'Avignon #마켓형축제

프랑스의 중남부 도시 아비뇽에서 매년 7월 약 한 달간 진행되는 연극 축제로, 1947년 아비뇽 교황청 안뜰에서 시작되었다. 예술감독이 프로그래밍한 공식 초청작을 중심으로 한 아비뇽 IN 프로그램과 자유 참가의 형식으로 공연예술 단체들이 참여할 수 있는 아비뇽 OFF 프로그램으로 구분된다. 2023년 기준 아비뇽 IN은 45편의 공연을 선보였고, 아비뇽 OFF의 일환으로 약 100여 개의 공연 공간에 1,000여 개의 예술단체가 공연을 올렸다. 아비뇽 페스티벌은 연극을 중심으로 세계 예술계의 동향을 살피고, 다양한 국가에서 온 프로그래머들과 만남을 도모할 수 있는 자리이다. 매년 축제에 참여하는 약 30,000여 명의 방문객 중 12%가 프로그래머, 프로듀서, 예술가 등의 전문가이다.[4]

---

4) 아비뇽페스티벌 홈페이지 참고 (www.festival-avignon.com)

아비뇽 페스티벌에 IN으로 참여하는 것은 축제 예술감독의 큐레이션을 통해 결정되지만, OFF 프로그램에의 참여는 홈페이지에 게재되어 있는 정보를 통해 자세한 방법을 확인할 수 있다. 축제의 OFF 공연장 정보를 통해 장소를 조사하고, 공연장의 인지도나 규모, 주요 성향과 위치, 공간적 특성 등을 고려하여 접촉하고자 하는 공연장을 정리한 뒤, 공연장의 담당자와 접촉하여 공연단체의 작품을 소개하고 대관을 확정 짓는다. 이후에는 OFF 프로그램의 운영을 관리하고 참여 예술단체를 지원하는 조직인 Avignon Festival & Companies (AF&C)에 대관 계약서를 보내며 참여하는 공연의 홍보 자료 등을 제출하게 된다. 이후 극장으로부터의 초청장을 통해 국내의 국제교류 기금 등을 신청할 수 있다.[5]

② 에딘버러 프린지 페스티벌 Edinburgh Festival Fringe #마켓형축제

1947년, 영국 스코틀랜드의 에딘버러시에서 시작된 에딘버러 인터내셔널 페스티벌(Edinburgh International Festival)은 제2차 세계대전 이후 전쟁의 상처를 씻고 시민들을 위로하며, 도시의 이미지를 개선하기 위한 목적으로 설계되었다. 같은 해에 에딘버러 인터내셔널 페스티벌에 공식 공연으로 참여하지 못한 공연단체들이 독립적으로 소극장에서 공연을 펼쳤던 것으로부터 이어져 오고 있는 에딘버러 프린지 페스티벌(Edinburgh Festival Fringe)은 현재 에딘버러 인터내셔널 페스티벌을 넘어서는 인지도를 쌓으며 연극, 무용, 음악 및 신체극 등 다양한 작품들을 선보이는 쇼케이스의 역할을 하고 있다.

매년 8월 약 한 달 동안 개최되는 에딘버러 프린지 페스티벌은 세계 최대 규모의 공연예술 축제이다. 아비뇽 OFF와 마찬가지로 참여를 원하는 누구나 공간을 대관하여 공연을 할 수 있는 방식으로 운영된다. 공연장을 물색하고, 장소를 대관하는 것부터, 숙박을 예약하고, 항공 등의 교통수단을 마련하는 일, 현지 스태프를 섭외하고 공연을 홍보하며 티켓을 판매하는 일까지 에딘버러 프린지 페스티벌에 참여하기 위해서는 정확한 목적 설정과 더불어 전략을 구체화하는 것이 무엇보다 중요하다.

---

[5] '아비뇽 페스티벌 오프 A to Z - 아비뇽 오프 진출 매뉴얼', 2011, 예술경영지원센터, 장현주

> **Tip 아비뇽과 에든버러, 미리 알고 가기**
>
> 아비뇽과 에든버러에 공연을 하러 간다는 것은 예술단체에게 종종 로망처럼 언급될 때가 있지만, 실상은 많은 노력과 재원을 투자해야 한다는 점을 간과해서는 안 된다. 구체적인 성과를 거두기 위해서는 기존에 해당 축제에서 공연을 올렸던 단체들로부터 정보를 얻거나, 축제 현장에서 홍보 마케팅을 효과적으로 진행하기 위해 타 단체나 조직과 협력할 수도 있다. 장기간의 공연을 통해 성과를 거두고자 할 경우 보도자료의 발송, 공연을 관람한 평론가 및 언론의 리뷰 역시 관객 유치에 영향을 미친다. 국가와 권역에 따라 공공이나 민간의 예술 네트워크에서 자국의 예술단체들을 공동으로 홍보하거나 델리게이트들을 초대하는 행사를 마련하기도 하며, 장르적으로 오랜 시간 신뢰를 쌓은 공연장에서 공연을 함으로써 더 많은 이들이 공연을 볼 수 있도록 전략을 수립하기도 한다.

2) 무용

① 인터내셔널 탄츠메세 Internationale Tanzmesse #아트마켓

무용 장르에 초점을 맞추고 있는 아트마켓 중에서 가장 큰 규모로 진행되는 탄츠메세는 격년제로 8월 말 독일의 뒤셀도르프(Düsseldorf), 크레펠트(Krefeld), 레버쿠젠(Leverkusen)의 다양한 공연 공간을 거점으로 진행된다. 2022년 기준, 약1,500여 명의 공연 전문가들이 델리게이트로 참여하였으며, 무용 공연뿐만 아니라 라운드 테이블의 형식으로 진행되는 대화 프로그램 및 스튜디오 쇼케이스 등으로 프로그램의 방식을 다양화하고 있다.

탄츠메세에서는 무용 공연의 특성을 보다 다원적으로 확장하여 해석하는 작품들이 최근 지속적으로 주목받고 있다. 완성작의 투어뿐만 아니라 제작 중인 작품들을 미리 소개하고 파트너를 찾으며 다양한 국가, 권역 간의 협력 네트워크에 초점을 맞추며 전략적인 효율성을 높이고 있다. 작품의 선정은 공모를 통해 진행되며, 실내 극장뿐만 아니라 창고, 건물 외부의 광장 등 작품을 발표하는 방식과 작품의 발표 형식 역시 공모에 지원하며 선택할 수 있다. 공모

지원을 위해서는 등록비를 납부해야 하며, 이 등록비에는 부스 전시 공간 '아고라'를 임대하는 비용이 포함되어 있는데, 해당 비용은 공모 선정 결과와 상관없이 환불되지 않는 금액이다.

② 에어로웨이브즈 Aerowaves #마켓형축제

1996년, 영국 런던에서 창설된 에어로웨이브즈는 신진 무용가들을 발굴하고, 이들이 국제적 활동을 할 수 있도록 연결하는 유럽 34개국 파트너들의 협력 네트워크이다. 매년 봄, 파트너 네트워크의 각 국가에서 순차적으로 진행되는 에어로웨이브즈 스프링 포워드 페스티벌(Spring Forward Festival)은 유럽뿐만 아니라 북미, 아시아의 공연예술 관계자들이 찾는 행사이다. 신진 안무가를 지원하는 프로그램인 에어로웨이브즈 트웬티(Aerowaves Twenty)를 비롯하여 무용 관련 연구와 담론을 확산하는 과정 중심의 지원 역시 이들의 주요 사업 중 하나이다.

기존 페스티벌 프로그램이 유럽 내 거주 예술가들에게 기회를 한정하였다면, 최근에는 공동 기획 및 협력 프로그램 등의 형식으로 유럽뿐만이 아니라 다른 권역의 예술가들도 소개하곤 한다. 최근(2022년)에는 일본의 안무가 히로아키 우메다와 한국의 프로듀서 장수혜가 함께 추진한 '무버스 플랫폼(Movers Platform)' 프로젝트를 통해 한국, 일본, 그리스의 신진 무용가들이 에어로웨이브즈 스프링 포워드 페스티벌에 참여한 바 있다.

3) 다원 예술

① 쿤스텐페스티벌데자르 Kunstenfestivaldesarts #허브형축제

매년 5월에 약 한 달 간 브뤼셀 전역의 30여 개 예술 공간에서 개최되는 쿤스텐페스티벌데자르는 다양한 언어가 공용어로 사용되며, 서로 다른 문화가 공존하는 도시 브뤼셀의 특성과 제법 잘 어울린다. 축제의 이름에 서로 다른 언어로 '예술'을 뜻하는 네덜란드어 'Kunsten'과 프랑스어 'arts'가 함께 있는 것이 축제가 지향하는 다원성과 동시대성을 이해하게 한다. 1994년 축제의 시작 이래로 지금까지 세계 다원 예술계의 경향을 살필 수 있는 창의 역할을 해 오고 있다. 국내의 다원 예술 축제인 '옵신 페스티벌'을 비롯하여 국립아시아문화전당, 국립현대미술관 다원 예술 프로그램, 페스티벌 봄 등 여러 플랫폼에서 쿤스텐페스티벌데자르에서 발표되었던 프로그램들을 초청하여 국내에 소개해 왔다.

공동제작의 방식으로 예술가의 신작 창작을 지속적으로 지원해 왔으며, 예술 작업의 창작 과정에서 예술가의 작업 철학과 방향 등을 주목하는 것이 쿤스텐페스티벌데자르의 주요 철학이다. 매년 축제 기간 중 '프로듀서 아카데미(Producers' Academy)' 프로그램을 함께 운영한다. 프로듀서 아카데미는 강의·워크숍·토론을 중심으로 구성된 프로그램으로, 축제의 공연을 함께 보고 예술가와 대화를 나누는 등 프로듀서를 위한 레지던시라고 볼 수 있으며, 매년 30여 명 내외의 유망 프로듀서들이 참여한다.

② 교토 익스페리먼트 Kyoto Experiment #허브형축제

교토 익스페리먼트는 2010년에 일본 교토에서 시작된 현대 공연예술제이다. 예술의 실험성과 독창성에 주목하며 축제를 통한 사회적인 담론을 만들고, 가치를 탐구하며 창조해 내는 것을 지향점으로 삼는다. 연극·무용·음악·시각예술을 비롯하여 다원적인 접근을 통해 자유로이 방법론을 오고가며, 기존 예술의 관습을 넘어서는 것을 추구한다. 프로그램 중 신작 발표의 비중이 높은 편이며, 극장 공간이 아닌 대안적인 공간들 역시 축제의 장소가 된다. 설립자였던 예술감독의 임기 이후인 2020년부터는 세 명의 공동 감독이 함께 운영하는 시스템으로 방향을 전환했다.

실험적이고 도전적이어야 한다는 것을 축제의 레거시로 이어 가면서도, '과거에 실험적이었던 작품이 여전히 실험적인지'를 고민하며 변화하는 관객층과 소통하기 위한 여러 방식을 모색 중이다. 전보다 참여 예술가의 연령대가 낮아졌고, 젠더 균형과 지역 균형을 고민하며, 최근에는 유럽보다는 다양한 아시아 권역의 예술가와 작품을 좀 더 소개하는 등의 변화를 추구한다. 공연 프로그램 이외에도 예술가와 지역 전문가가 함께 지역을 연구하며 이를 향후 공유 지식으로 활용하고자 하는 '간사이 스터디(Kansai Studies)' 프로그램 및 예술가와 작품의 철학을 통해 미래 사회를 바라보는 자리를 연결하는 워크숍, 대화 프로그램 'SKF (Super Knowledge for the Future)' 등이 있다.

4) 음악, 아트 앤 테크놀로지

① 워맥스 Worldwide Music Expo, WOMEX #아트마켓

워맥스는 매년 10월에 개최되는 음악마켓으로 세계 각국의 전문가들이 참여하여 음악계의 동향을 살피고 교류하는 대규모 플랫폼이다. 월드뮤직을 중심으로 시작되었지만 세계 각국의 민속음악을 포함하여 재즈·포크를 비롯하여 음악과 연계한 산업의 범위를 넓은 폭으로 소개하며, 다양한 장르의 공연들을 선보이고 있다. 2023년 기준으로 매년 90개국에서 2,600명 이상의 전문가들이 행사에 참여하며, 쇼케이스 공연과 더불어 컨퍼런스, 홍보 부스를 운영한다. 음악시장은 공연 투어뿐만 아니라 앨범 발매 및 판매, 영화와 광고, 게임 산업 등과 연계한 수익 구조를 가지고 있기에 업계의 경향이 어떻게 변화하고 있는지를 이해하는 것이 중요하며, 이러한 음악산업의 특징을 프로그램에 매년 반영하고자 노력하고 있다.

워맥스는 1994년에 독일 베를린에서 시작하였으며, 유럽을 중심으로 매년 개최 도시를 변경하여 진행한다. 워맥스의 공식 쇼케이스 참여는 공모를 통해 진행되며, 심사를 거쳐 확정된다. 쇼케이스 공모에 신청하고자 할 경우 별도의 참가비를 납부해야 한다. 다양한 음악 공연들이 짧은 기간에 걸쳐 공연되기 때문에 워맥스에 참여하는 목적을 달성하기 위해서는 공연을 성공적으로 수행하는 것을 넘어서서 홍보 부스 참여, 적극적 교류 등이 필수적이다. 기존에 워맥스에 지속적으로 참여해 오고 있는 페스티벌, 네트워크 등과 연계하는 것 역시 참여 효과를 확장하는 데 도움이 된다.

② 사우스 바이 사우스웨스트 South by Southwest, SXSW #아트마켓

음악과 영화, 미디어와 인터렉티브, 디지털 테크놀로지 등의 장르가 다루어지는 미국 최대 규모의 종합 박람회다. 1987년, 텍사스주 오스틴에서 시작된 사우스 바이 사우스웨스트는 음악을 중심으로 시작하여 매년 규모를 확장하며 관련 산업과의 적극적인 연계를 통해 예술계를 넘어서 미디어 콘텐츠 산업으로 그 타깃을 넓혀 가고 있다. 특히 VR과 XR 등의 기술을 중심으로 한 영상 기반의 작품 등이 최근 주목을 받고 있으며, 기존의 음악을 중심으로 한 쇼케이스를 넘어 컨퍼런스 프로그램 역시 사우스 바이 사우스웨스트가 꼽는 주요한 특징이다.

워낙 규모가 큰 마켓이기에 실제로 참여하게 되더라도 성과를 거두는 것이 쉽지는 않지만, 미국을 중심으로 한 음악 시장에 진출하고자 하는 목표가 있다면 시장의 경향을 파악하고 전략을 수립하는 디딤돌이 될 수 있다. 공모를 통해 작품을 선정하며, 워맥스와 마찬가지로 공모 신청 시 참가비를 납부해야 한다. 음악의 장르적 제한을 두고 있지 않기에 다양한 가능성이 열려 있다고 볼 수 있지만, 이 때문에 타깃으로 삼는 프리젠터를 만나기 위해서는 참여자들에 대한 사전 조사와 목표 설정이 더욱 중요하다고도 할 수 있겠다.

③ 아르스 일렉트로니카 페스티벌 Ars Electronica Festival #허브형축제

예술과 기술, 뉴 미디어를 중심으로 예술가를 발굴, 지원하는 축제로 아르스 일렉트로니카 재단에서 운영한다. 1979년에 처음으로 개최된 이후 비엔날레로 진행되다가 1986년부터 매년 페스티벌을 개최한다. 린츠 시 정부와 오스트리아 주 정부 및 사립 기관의 재정 지원으로 운영되며, 축제와 함께 관련 분야의 우수한 인재에게 시상을 하는 프릭스 아르스 일렉트로니카(Prix Ars Electronica)를 매년 진행해 오고 있다. 예술과 기술, 사회의 접점을 찾는 다학제적인 뉴 미디어 아트가 아르스 일렉트로니카의 주된 관심이다.

아르스 일렉트로니카 센터는 미래 박물관(Museum of the Future)과 퓨처랩(Futurelab) 등의 프로그램을 통하여 새로운 콘텐츠를 개발하고, 축제 이외에도 작품의 R&D를 지원하고 있으며, 축제 기간 중 퍼포먼스와 전시 및 쇼케이스 등을 포함하여 새로운 기술과 방법론에 대한 담론을 확장하는 심포지엄 등의 행사를 통해 예술과 기술 분야를 선도하는 플랫폼으로 그 역할을 확장하고 있다.

2-3. 권역별 마켓·축제

1) 아시아

① 요코하마공연예술회의 Yokohama Performing Arts Meeting, YPAM

#아트마켓

동경예술아트마켓(Tokyo Performing Arts Market, TPAM)이라는 이름으로 1995년에 시작되었고, 2011년에 요코하마로 장소를 이동하며 요코하마공연예술회의(Yokohama Performing Arts Meeting, YPAM)로 명칭을 변경하였다. 초기의 '마켓'이라는 형식을 탈피하고 '만남'을 통해 이슈와 담론의 형성과 교류의 의미를 확장하고자 이름을 'Meeting'으로 바꾼 것이다. 아시아 공연예술 활성화를 목적으로 하는 아시아의 대표적인 공연예술 플랫폼 중 하나이다.

동시대의 예술 창작과 작품을 공유하고 예술 생태계에 대한 정보를 제공하는 것을 목적으로 하며, 매년 40여 개국에서 700여 명이 참여한다. 최근에는 매년 12월에 개최하며 상대적으로 행사 일정이 긴 편이어서 전문가들이 모이는 핵심 프로그램의 기간을 사전에 공지하여 참여를 안내한다. 공식 프로그램은 YPAM Direction과 YPAM Fringe로 나뉘며, 프린지는 공모의 방식으로 작품을 선정한다. 이 외에도 Yokohama Dance Collection 등의 플랫폼과 연계하여 프로그램을 협력 구성한다.

② 서울아트마켓 Performing Arts Market in Seoul, PAMS #아트마켓

한국 공연예술의 유통 및 해외진출의 활성화를 위해 설립된 아트마켓으로 2005년부터 매년 가을 진행된다. 초기에는 공연예술 쇼케이스인 '팸스 초이스(PAMS Choice)'를 중심으로 작품을 프로모션하며 이를 국제교류 유통 기금과 연계하는 방식으로 전략적인 해외진출을 주력으로 하였다. 최근에는 공연예술의 국제교류 방법론을 다각화하고, 다양한 협력의 관계를 구축할 수 있는 플랫폼으로 그 역할을 확대했다.

쇼케이스와 피칭 프로그램, 부스 전시, 학술 프로그램 등이 주요 사업으로 구성되어 있으며, 공모를 통해 선정되는 쇼케이스 프로그램에는 연극·무용·다원예술·음악·거리예술 등이 주요 장르로 구분되며, 동기간 중에 개최되는 프로그램을 연계하여 홍보하는 '팸스 링크(PAMS Link)' 프로그램을 통해서도 공연을 선보일 수 있다. 예술경영지원센터의 저니투코리안뮤직(Journey to Korean Music; 한국 전통음악 프로모션을 위한 해외 인사 초청 및 팸투어 형식의 프로그램 제공) 및 캄스 커넥션 사업(KAMS Connection; 국제교류 리서치를 목적으로 한 기관 연계형 자율 리서치 지원 프로그램) 등이 동 기간에 연계 행사를 개최한다.

해외진출과 국제교류를 생각하고 있다면, 멀리 있는 아트마켓에 참여하기에 앞서 가장 가까운 곳에서 연결 지점을 찾는 것 역시 중요하다. 서울아트마켓은 국내에서 개최되는 아트마켓 중 가장 규모가 큰 행사로, 국제교류의 디딤돌을 마련하고자 할 경우 시장 리서치를 목적으로 서울아트마켓에 우선 참여하여 다양한 델리게이트들을 만나보는 것도 좋은 방법이겠다.

③ **바이팸, 방콕국제공연예술회의 Bangkok International Performing Arts Meeting, BIPAM** #아트마켓

태국 방콕에서 격년으로 개최되는 방콕국제공연예술회의, 바이팸은 아시아의 타 아트마켓에 비해서는 역사가 길지 않다. 동남아시아의 공연예술을 소개하고, 동남아시아의 공연예술 전문가들이 국제적인 예술시장과 연결될 수 있는 플랫폼을 목표로 2016년에 설립되었다. 동남아시아의 공연예술계에 대한 담론 확장과 함께, 나아가 국제교류의 맥락에서 동남아시아를 재조명하기 위한 전략들을 반영하여 공연 프로그램, 포럼과 워크숍, 네트워킹 프로그램 등이 구성되어 있다.

민간의 프로듀서들로 구성된 팀이 프로그램을 기획하고 운영하며, 정부 주도가 아닌 민간이 중심이 되어 지속해 오고 있는 유기적인 플랫폼이다. 격년으

로 개최되는 공식 행사 이외에도 태국 공연예술계의 역량을 강화하기 위한 교육 및 워크숍 프로그램, 연구와 리서치를 토대로 한 작품 개발과 창·제작 및 투어 등 공연예술 분야의 전반에 걸쳐 활발하게 사업을 진행해 오고 있다.

④ 중국상하이국제예술축제 China Shanghai International Arts Festival, CSIAF
#아트마켓 #축제

1999년에 설립된 축제로 중국 문화부가 주최하고 상하이 시 정부가 주관하는 예술 축제이다. 축제의 공연 프로그램들과 함께 진행되는 중국상하이공연예술박람회 (CSIAF Performing Arts Fair, ChinaSPAF)는 중국의 작품들을 소개하며 전 세계의 창작자, 예술가, 예술계 전문가들이 교류할 수 있는 장을 만드는 것을 목적으로 한다. 매년 국제적으로 1,000여 명의 델리게이트, 400여 개의 예술기관 등이 참여해 왔다. 박람회 프로그램의 일환으로 20개 내외의 쇼케이스, 피칭 프로그램, 전문가 대상 교류 및 역량 강화 프로그램 등이 구성되어 있다.

중국 내 공연예술 시장의 규모가 매년 확장됨에 따라, 국제적 규모의 작품 제작 및 투자, 중국 시장 내 해외 작품의 라이선스 공연 진출이 활발하게 진행되고 있다. 뮤지컬, 무용 등의 장르에서는 작품의 레퍼토리 진출을 넘어서서 중국에서 제작하는 공연에 해외 연출가를 초빙하는 방법 등으로 국제교류의 양상이 다각화되기도 한다. 이러한 점에서 ChinaSPAF는 중국 시장의 흐름을 이해하고, 전략적으로 주요한 관계자를 만나는 데 필요한 플랫폼 역할을 한다.

한편 2024년에 처음으로 개최되는 홍콩공연예술엑스포(Hongkong Performing Arts Expo, HKPAX) 또한 중국 시장을 거점으로 한 국제교류 행사로 공연예술계에서 주목받고 있다. 홍콩예술발전국(Hongkong Arts Development Council)에서 주최하고 주관한다. 기존에 중국 권역을 대표하는 아트마켓이 ChinaSPAF에 집중되어 있었다면, 홍콩공연예술엑스포 또한 이러한 역할을 수행하고자 하는 전략을 반영한다.

2) 오세아니아

① 호주공연예술마켓 Australian Performing Arts Market, APAM #아트마켓

호주공연예술마켓(Australian Performing Arts Market, APAM)은 애들레이드·브리즈번·멜번 등의 도시를 거점으로 개최되어 온, 호주를 대표하는 국제교류 플랫폼이다. 마켓 프로그램의 일환으로 쇼케이스 프로그램을 직접 구성하는 방식으로 지속되어 오다가 2020년부터는 쇼케이스 프로그램을 없애고, 기존에 운영되고 있는 타 축제와 연계하여 아트마켓을 운영하는 방식으로 전략을 바꾸었다. 2020년에는 멜번의 페스티벌 아시아토파가 연계 파트너였고, 2023년에는 멜번의 라이징 페스티벌과 협력했다.

쇼케이스와 부스 전시가 없는 마켓으로 예술가의 작품을 소개하는 자리는 피칭 세션으로 운영된다. 피칭되는 작품은 호주와 뉴질랜드 예술가를 중심으로 하며, 국제적인 협업을 통해 소개되는 작품이나, 제작 중 파트너를 찾는 작업 등 형태와 유형이 다양하다. 원주민 예술에 대한 카테고리가 주요 내용으로 구성되어 있으며, 예술의 관점에서 탈식민화와 원주민의 주권 회복에 대한 대화 역시 활발하게 진행된다. 주제적 관심에 따라 라운드 테이블 미팅, 포럼과 세미나, 네트워킹 프로그램 등에 참석하여 마켓의 다른 참여자들을 만나고 대화하는 것이 프로그램의 중심이 된다.

② 뉴질랜드 공연예술네트워크 Performing Arts Network New Zealand, PANNZ #아트마켓

뉴질랜드의 공연예술네트워크 PANNZ는 매년 2월 말 또는 3월 초에 아트마켓 행사를 개최한다. 뉴질랜드의 예술위원회인 크리에이티브 뉴질랜드(Creative New Zealand)에서 재정을 지원하여 개최되며, 아시아-뉴질랜드재단(Asia NZ Foundation) 등이 주요 파트너이다. 쇼케이스는 전막 공연으로 진행되며, 작품의 아이디어와 투어 정보 등을 공유하는 피칭 세션이 주요한 프로그램으로 운영된다. 오픈 리허설이나 워크숍 등의 방법으로 제작 중인 작품(Work in progress)에 대한 소개를 할 수 있는 섹션을 별도로 마련하기도 한다.

3) 북미

① 미국공연기획자협회총회 Association of Performing Arts Presenters Conference, APAP #아트마켓

북미 지역 최대 규모의 국제회의이자 공연예술 시장으로 매년 1월 뉴욕에서 개최된다. 북미와 라틴 아메리카를 비롯하여 세계 각지의 공연예술 전문가가 매년 4천 명 이상 참여하고 있으며, 400여 개 이상의 부스 전시가 진행된다. 네트워크들의 네트워크라고 불릴 정도로 다양한 장르·지역·주제를 중심으로 하는 이들이 모이는 행사로, 북미 지역 진출을 위해서는 중요한 거점이다. 북미 시장의 특성상 세계적으로 활동하는 에이전시들의 참여 역시 두드러진다.

더불어 같은 기간 뉴욕에서 개최되는 국제공연예술협의회총회(ISPA Congress)와 언더더레이더(Under the Radar) 페스티벌, 글로벌페스트(GlobalFest) 등과 '뉴욕의 1월(JanArtNYC)'이라는 플랫폼으로 연결되어 프로그램을 소개하며, 양적으로도 프로그램을 확장한다.

② 시나르 비엔날레 CINARS Biennale #아트마켓

시나르 비엔날레(CINARS Biennale)는 캐나다의 공연예술 에이전시, 프로듀서 및 매니저 등 민간의 전문가들이 중심이 되어 1987년에 시작한 아트마켓으로 세계에서 가장 큰 규모의 마켓으로 꼽힌다. 북미 예술시장의 특성상 에이전시들의 활동이 활발한 환경을 토대로 작품을 홍보하고 거래를 촉진하기 위한 목적이 창립의 가장 큰 토대가 되었으며, 캐나다 퀘백 지역의 몬트리올을 국제적인 문화예술의 중심 도시로 육성하기 위한 비전에 부합하며 점차 그 규모와 사업을 확장해 왔다.

무용과 컨템포러리 서커스가 가장 활발하게 다뤄지며 음악, 연극, 복합 장르 등 다양한 형식의 공연들이 쇼케이스의 형식으로 구성되며, 공식 프로그램이 아닌 공연들도 같은 기간에 행사를 개최하며 시나르에 참여하는 수많은 델리게이트들을 만나고 있다. 격년으로 아트마켓 참여 공연을 공모하며, 공모 지원 시 참가비를 납부한다. 아트마켓 행사 이외에도 시나르는 퀘백 권역의 예술가와 작품이 해외로 진출할 수 있는 교두보를 만드는 교류 사업을 추진하며 타

아트마켓과의 연계 행사, 협력 프로그램 등을 적극적으로 추진한다. 세계적인 아트마켓을 방문하면 시나르의 델리게이트들을 어렵지 않게 찾아볼 수 있는 것이 바로 이러한 이유 때문이다.

4) 남미

① 산티아고 아 밀 & 플라테아 Santiago a Mil & PLATEA #아트마켓 #축제

칠레의 수도 산티아고에서 개최되는 축제 산티아고 아 밀(Santiago A Mil)을 중심으로 산티아고 아 밀 오프(Santiago A Mil OFF)와 전문가 네트워크 행사인 플라테아(Platea)가 함께 개최된다. 산티아고 아 밀은 '1,000페소[6]로 만나는 산티아고, 수많은 공연들이 있는 산티아고'라는 의미를 지닌 축제의 이름에서 기인하듯 축제의 입장료 중 가장 낮은 금액을 상징하며, 시민들이 적은 금액으로도 많은 예술 작품들을 향유할 수 있도록 한다는 기치를 내걸고 설립되었다. 축제와 함께 개최되는 플라테아는 남미 최대 규모의 아트마켓으로 공연예술 전문가, 프리젠터들이 델리게이트로 등록하여 중남미를 중심으로 한 공연예술의 경향, 예술 경영 사례들을 살피는 학술 프로그램과 쇼케이스 관람, 스튜디오 및 예술 공간 방문 등의 프로그램에 참여한다. 플라테아는 공연장의 좌석 중 가장 높은 등급을 뜻하는 단어이다. 프리젠터들 간의 교류를 촉진하며 축제의 장기적인 파트너십을 구축하는 것을 목적으로 한다. 포럼 프로그램에서는 예술시장에 대한 사회경제적인 가치 분석을 비롯한 산업적 관점의 주제가 주로 다루어진다.

산티아고 오프 프로그램은 자율적인 등록을 통해 진행되는 프린지 형식의 프로그램으로, 산티아고 아 밀에서 제한적으로 프로그래밍을 통해 작품을 선보이는 것과 달리 다양한 주체들이 각자의 공간을 거점으로 작품을 소개하도록 함으로써 공식 프로그램이 소개할 수 있는 것의 한계를 넘어서서 칠레 공연예술 시장의 다양한 스펙트럼을 소개한다. 이러한 프로그램들은 장르를 베이

---

[6] Mil은 숫자 '천'을 의미하는 스페인어이자, 문맥에 따라 '수많은'의 의미로 해석되기도 한다.

스로 한 네트워크가 주도하여 협력 프로모션을 하거나, 특정 공연장이나 예술 공간들이 중심이 되어 큐레이션하는 방식으로 전략을 구체화한다.

5) 유럽

① 피라타레가 FiraTarrega #아트마켓 #축제

1981년에 설립된 스페인 카탈루니아 지방의 거리예술 축제로, 바르셀로나 인근의 소도시 타레가에서 매년 9월에 개최된다. '창조적 영토로서의 축제'를 모토로 축제와 레지던시 프로그램, 작품 창·제작 지원, 아트마켓을 주요 사업으로 하고 있다. 카탈루니아 지역의 문화예술을 진흥하기 위한 목적으로 카탈란 아츠(Catalan Arts) 및 라몬 율(Ramon Llull) 등의 기관과 긴밀하게 협조하고 있으며, 다양한 예술적 시도, 공공 공간에서의 예술 창작, 거리예술과 서커스의 새로운 경향 등이 피라타레가가 추구하고 있는 주된 예술적 방향성이다.

피라타레가의 아트마켓은 축제의 성장과 함께 지속적으로 확장되어 왔는데, 유럽을 비롯한 세계 시장에서 가장 큰 규모의 거리예술 전문가 교류 행사이다. 매년 1,200여 명의 전문가들이 축제를 방문하여 축제의 작품을 보고, 쇼케이스와 피칭 프로그램에 참여하며, 부스 전시와 미팅 프로그램 등을 통해 교류하면서 다음 해의 프로그래밍을 구상한다. 마켓의 규모가 크고 역사가 오래된 만큼 거리예술 및 서커스 관련 국제적인 네트워크들의 참여가 두드러진다. 일부 프로그램은 공모의 방식으로 축제의 작품을 선정하며, 일부 프로그램은 축제의 예술감독이 직접 기획하여 섭외·구성한다. 창작 레지던시 공간을 통해 축제의 프로그램을 개발하고 신작에 투자하는 것은 피라타레가가 지닌 큰 특징 중 하나로, 한국의 예술단체 비주얼씨어터꽃이 타레가에 일정 기간 머무르며 레지던시를 거쳐 작품을 현지화하여 발표한 공연 '마사지사'의 사례도 눈여겨 볼 수 있겠다.

② 시비우공연예술마켓 Sibiu Performing Arts Market #아트마켓 #축제

루마니아 트란실바니아에 위치한 시비우는 규모는 작지만 독일의 영향을 많이 받은 문화권으로, 중세 시대 상업의 중심지 역할을 했던 요충지였다. 도시의 규모가 크지 않아 대규모 극장이나 공연 시설이 많지 않음에도 불구하고, 축제에서 대형 프로그램을 제작하여 소개해 오고 있다. 이를 위해 도심의 대학 건물, 광장과 공터, 컨벤션 센터 등이 공연장으로 활용된다. 온화한 기후와 작지만 잘 연결되어 있는 도심의 규모가 축제를 치르기에 적합한 환경을 갖추고 있다. 주요 프로그램은 프로시니엄 극장 공간을 중심으로 도심 곳곳에서 진행된다.

1994년에 극단 라두 스탕카에서 시작한 시비우연극축제가 시비우 시의 유럽 문화수도 지정 이후 더욱 확장되어 루마니아 및 동유럽의 공연예술계를 연결하는 아트마켓을 함께 운영해 오고 있다. 연극, 무용을 비롯하여 고전 발레, 다원 예술, 마임, 거리예술 등 다양한 장르의 공연이 축제의 프로그램으로 구성되며, 포럼과 스피드 데이트, 워크숍 프로그램 등이 마켓의 주요 행사이다.

2-4. 국제교류 네트워크, 기관

최근의 아트마켓은 국가나 기관, 혹은 특정 주체가 주도하는 형태의 개별적 인적교류에서 벗어나 주제·기능·장르별로 인적교류가 특화되고, 다각화되고 있다는 특징을 지닌다. 대규모의 아트마켓이 지닌 장점만큼이나 서로 다른 규모와 방법론을 지닌 네트워크의 역할이 중요해지고 있는 것이다. 축제와 공연장 등이 서로 협력하는 네트워크를 만들거나, 권역별 네트워크 및 아시아 내의 네트워크 등이 다양해지고 확산되고 있음을 확인할 수 있다. 국제교류의 네트워크에 참여하거나 다양한 지원기관들을 이해하는 것은 국제교류의 가능성을 확장하며 지속가능한 방식으로 해외진출을 추진하는 데 주요한 역할을 한다.

1) 국제공연예술네트워크(Interational Network for Contemporary Performing Arts, IETM)

유럽을 중심으로 출범한 국제공연예술네트워크(International Network for Contemporary Performing Arts, IETM)는 1981년에 시작된 공연예술 네트워크로 세계 50여 개 국가에서 500개 이상의 공연예술 전문 기관, 조직 및 개인이 회원으로 활동하고 있다. 회원 간의 교류와 협업을 촉진하기 위한 행사로 매년 정기총회를 개최하며, 공연예술 생태계의 주요 화두를 다루는 연구와 출판 등의 사업을 활발하게 진행한다. 매년 유럽의 도시를 돌아가며 정기총회를 개최하며, 정기총회 이외에도 위성회의를 통해 유럽 이외의 지역과 교류하는 방식으로 개최국 및 해당 권역과의 협력을 추진한다.[7]

2) 국제공연예술회의(International Society for the Performing Arts, ISPA)

국제공연예술회의(International Society for the Performing Arts, ISPA)는 북미를 중심으로 1948년에 처음 개최된 이래, 매년 1월 뉴욕에서 정기총회를 개최하고, 더불어 연중 회원 기관과의 주최 협력을 통해 국제 총회를 이어 오고 있다. ISPA는 스스로를 공연예술의 현재를 예리하게 분석하고, 대화와 교류를 통해 협력의 방식을 찾아 나가는 국제 네트워크라고 설명한다. 가장 오래된 역사를 자랑하는 국제적 규모의 네트워크인만큼 새로운 변화와 혁신에 대한 목소리 역시 존재하나, 여전히 공연예술계의 주요 담론들을 다루어 내는 자리이자 주요 인사들을 만날 수 있는 기회이다. 매년 글로벌 펠로우십(Global Fellowship) 프로그램을 통해 새로운 예술계 리더들이 ISPA 뉴욕 총회에 참여할 수 있도록 항공·숙박·등록비·일비 등을 제공하고 있으며, 해당 프로그램의 참여자는 국제 공모를 통해 선발한다.

---

7) '예술과 사회 사이에 변화 불어넣기: 난 반 호트, 국제공연예술네트워크(IETM) 사무총장 인터뷰', 2020, 예술경영웹진, 이희진

이 밖에도 예술가와 작품의 교류와 협력을 지원하는 기관으로 다양한 권역별 네트워크를 살펴보는 것 역시 국제적 예술시장을 이해하는 데 도움이 된다. 아시아와 유럽의 문화예술 활동을 지원하고 연구와 출판 사업 등을 해 오고 있는 국제적 비영리 기구 아시아유럽재단(Asia-Europe Foundation, ASEF)과 동 재단에서 운영하는 컬쳐 360(Culture 360)은 정보와 지식, 인적 교류의 허브 역할을 한다. 유럽의 온더무브(On the Move)는 국제교류에 관한 연구와 리서치를 수행하는 기관으로 국제교류 및 작품 공모, 레지던시에 대한 정보를 찾아볼 수 있는 온라인 페이지와 더불어 출판과 학술교류 사업을 수행한다. 아시아의 독립 프로듀서들을 중심으로 2014년에 창설되어 지속되고 있는 아시아프로듀서플랫폼(Asian Producers' Platform)은 매년 아시아의 도시를 선정하여 아시아프로듀서플랫폼캠프(Asian Producers' Platform Camp)를 개최하며, 프로듀서들 간의 교류와 동반 성장, 아시아라는 지역에 대한 깊이 있는 이해와 연구의 계기를 마련한다.

더불어 재외 한국문화원 및 해외문화원의 한국 지부[8], 국가 간 거래와 교류를 촉진하는 것을 주 목적으로 하는 호한재단(Australia-Korea Foundation), 아시아뉴질랜드재단(Asia New Zealands Foundation) 등의 조직 역시 주요한 네트워크이자 지원기관의 역할을 한다.

---

8) 프랑스문화원(Institut Français), 독일문화원(Goethe Institute), 네덜란드문화원(Dutch Culture), 일본문화원(Japan Foundation), 스페인문화원(Instituto Cervantes) 등

Tip 국제교류, 누구나, 꾸준히!

아트마켓이나 축제에 처음으로 방문하게 되면 한번쯤은 '나 빼고 모두가 서로 친해 보이는' 경험을 하게 된다. 관찰자로 남을 것인가, 누군가와 대화를 할 것인가를 선택하는 기로에서 외향적인지 내향적인지를 구분하는 것은 의미가 없다. 첫 시작의 방법은 간단하다. '안녕, 반가워!' 인사를 건네는 것. 나를 소개하고 상대에 대해 묻고, 원하는 것을 얻고자 하는 대화만을 하기보다는 서로를 이해하며, 내가 혹은 나의 작품이 가진 가치와 장점이 무엇인지 이해하는 것에 더하여 예술 생태계의 동료로서 내가 어떤 정보를 공유할 수 있는지, 무엇을 기여할 수 있는지를 상상하는 것이다. 그 이후의 일들은 '꾸준히'에 달렸다. 해외진출에는 긴 호흡의 전략이 필요하다. 꾸준히 신뢰를 쌓아 나가는 것으로부터 비로소 성과를 거둘 수 있다.

작품의 해외진출
프로세스

3. 작품의 해외진출 프로세스

국제교류 프로덕션의 유형은 재화나 서비스의 무역과 비슷한 방식으로 분류해 볼 때, 크게 인바운드(Inbound) 프로덕션과 아웃바운드(Outbound) 프로덕션으로 나눌 수 있다. 인바운드 프로덕션이 해외의 예술가를 초대하여 공연이나 전시를 진행하는 것, 즉 '수입'에 해당한다면, 아웃바운드 프로덕션은 자국의 예술가가 해외의 국가에 초대받아 공연이나 전시를 진행하는 것, 즉 '수출'에 해당한다. 앞서 살펴본 국제교류의 파트너들은 교류의 방식·방향에 따라 각각 수출, 수입, 중재 및 중개의 역할을 하게 된다.

- 인바운드 프로덕션

해외의 예술단체를 자국으로 초청하여 공연·전시 등을 추진하는 것을 말한다. 주로 극장이나 갤러리, 축제 등에서 주관하여 진행하며, 민간기업이나 예술단체에서 초청 업무를 진행하게 되는 경우도 있다. 초청의 주체는 섭외와 교섭을 거쳐 초청하는 권리를 확보하고, 사례와 조건에 대한 협의를 거치게 된다.

- 아웃바운드 프로덕션

국내의 예술단체 및 작품 등이 해외로 진출하여 공연·전시 등을 하는 것을 말한다. 인바운드가 '수입'이라면 아웃바운드는 '수출'이다. 경우에 따라 주최 측이 직접 초청의 주체가 되는 경우도 있고, 별도의 프로듀서 혹은 에이전시를 거쳐 진행하는 경우도 있다.

- 공동창작·협업

둘 이상의 파트너가 협력을 통해 함께 작품을 창작하여 유통하는 과정이다. 협업의 지역과 파트너, 형태를 결정하고 실무적인 협의를 통해 규모 등을 정한다. 협업의 방식에 따라 기존의 자국 내 프로덕션보다 더 긴 시간과 재원의 투자를 필요로 하게 되며, 누가 얼마만큼 재원을 마련할지 결정하고, 그 재원을 조성하는 방법과 각 주체 간의 역할 역시 다양하게 설정할 수 있다.

- **제작 투자, 커미셔닝**

극장이나 축제 등의 주최 측이 특정 예술가 또는 예술단체에게 작품의 제작을 위한 투자를 지원하는 방식이다. 제작 투자를 하는 주체는 경우에 따라 다양한 국가·지역의 협력자와 공동의 재원을 조성하기도 하는데, 이 경우 창작된 작품의 초연을 어느 극장에서 할 것인지를 결정하기도 하고, 혹은 초연을 올린 후 우선 초청권을 가지는 극장들을 공동 투자자로 모집하기도 한다.

- **투어 공연**

특정 작품이 초청되어 공연에 올릴 경우, 한 극장이나 축제에서만 공연을 하고 돌아가는 것이 아니라 일정과 지역을 연결하여 여러 도시, 국가에서 연이어 공연을 할 수 있도록 계획하는 것을 의미한다. 주최 측은 초청으로 인해 발생하는 국외 항공비, 화물 운송비 등을 분담하고, 초청의 효율을 높일 수 있다. 경우에 따라 초청하는 측에서 초연으로 공연을 올릴 권한을 요구하는지 등을 확인하는 절차가 필요하며, 초청이 확정되기 전후로 다양한 인접 파트너들과의 교섭을 통해 투어를 계획할 수 있다. 교섭 및 계약의 주체가 복수가 되기 때문에 각 대상별 조건과 스케줄에 대한 조정이 섬세하게 이루어져야 한다. 이때 각 공연장 별로 공연 조건에 형평성이 있어야 하며, 지역 간 이동에 소요되는 비용을 산정하고 해당 비용을 예산안에 반영하는 것도 중요하다

이 밖에도 최근에는 온라인 교류 방식이 증가하고 있다. 프로덕션의 전 과정을 온라인으로 진행하거나, 혹은 일부의 과정을 온라인으로 대체하는 것이 이에 해당하는데, 이는 단순히 작품을 온라인으로 전환하는 것을 넘어서서 작품의 창작과 표현 양식에도 영향을 미치며 국제교류의 방법론들을 보다 다양화하는 계기가 된다.

이 책은 작품의 해외진출 프로세스를 설명하기 위하여 아웃바운드 - 국내 단체의 해외 진출을 중심으로 상세 내용을 정리했다. 사실 인바운드와 아웃바운드의 프로세스는 동일하다고 볼 수 있다. 그래서 아웃바운드의 기초 프로세스를 이해함으로써 인바운드와 공동창작, 제작투자 등의 고도화된 방식의 국제교류에도 이를 적용할 수 있다. 이후에 다루게 되는 내용이 각자의 프로젝트

에 맞게 적용할 수 있는 기초가 되기를 바란다.

리서치, 프로젝트 개발 → 실무 교섭, 초청권 확보 → 기금 및 재원 조성 → 사전 기획 → 실행 → 평가 및 결산

국제교류 프로젝트의 흐름

3-1. 프리 프로덕션

1) 시장조사 및 작품 홍보

- 작품, 예술가, 프로젝트의 포트폴리오 제작 및 관리 (온·오프라인 자료화)
- 대상 예술시장 연구 (시장 분석, 장단점 분석, 기관 및 파트너십 분석, 네트워크 확보)
- 대상 예술시장의 컨택 채널, 리스트 작성
- 접근 및 지원 가능한 기금과 프로젝트 조사
- 대상 예술시장 타깃 별 제안서 작성
- 대상 예술시장 사전 접촉, 미팅
- 프로젝트 구상과 개발

공연예술 분야에서 해외진출을 하기 위해서는 현재 국제 예술계에서 어떤 작업들이 주목받고 있는지, 어떤 주제적 관심사나 경향이 있는지 등 다양한 정보를 수집하는 것이 필요하다. 이를 바탕으로 각자의 작업이 지닌 주제, 방향성, 규모, 장르의 특성에 맞는 플랫폼과 파트너들을 찾는 것으로부터 국제교류가 시작되는 것이다. 이 단계에서는 추진하고자 하는 프로젝트의 특성에 따라 재원 조성의 파트너를 찾거나 협력 가능성을 다각화하여 폭넓게 접근하는 것이 중요하다. 기존에 해당 권역이나 마켓에 진출한 경험이 있는 예술가, 프로듀서들로부터 추천이나 조언을 받아 보는 것도 도움이 된다. 데스크에서의 리서치를 통해서는 알기 힘든 생생한 팁과 노하우를 얻을 수 있다는 장점이 있

을 것이다. 리서치를 거치고 난 뒤에는 적절한 타깃 시장을 파악하고, 이를 토대로 만나보고자 하는 조직이나 기관, 인물을 리스트업하여 각각에 맞는 전략들을 구상한다. 모든 마켓이 나에게 유효한 것은 아니기에 무조건 도전하기보다는 전략적으로 접근하는 것이 필요하다. 더불어 국가나 권역마다 유효한 전략이 다를 수 있다는 점도 잊지 않아야 한다. 앞서 사전 리서치라고 이야기했지만, 사실은 변화하는 환경을 이해하며 지속적으로 리서치를 하는 것이 필요하다는 것, 리서치는 완성형이 아니라는 점도 이해해야겠다.

> **Tip 사전 리서치는 어디에서부터**
> - 국제교류 현장을 찾아가 보기(국내외 아트마켓, 축제, 국제교류 행사, 네트워크 등)
> - 국제교류 경험이 있는 예술가, 프로듀서 등에게 자문을 구하기
> - 국내 축제에 참여하는 예술가, 프로듀서 등을 만나 정보를 교환하기
> - 관심 있는 주제에 대한 온라인 자료 리서치, 관련된 정보를 뉴스레터, 소셜 미디어 등으로 지속적으로 팔로우업하며 필요한 자료를 축적하고 분석하기

2) 목적 설정

축제나 아트마켓에 참여하면 쉴 틈 없이 이어지는 만남, 대화, 공연 관람, 네트워킹 프로그램 참여 등으로 분주한 일정을 보내게 된다. 얻게 되는 정보도 많고, 새로이 알게 되는 사람도 많다. 서로를 알고자 하는 강한 에너지가 있는 자리이기도 하고, 자원을 공유하고 새로운 일들을 도모하고자 하는 상상이 넘치는 시간이기도 하다. 많은 시간과 자원, 노력이 필요한 일이기에 참여의 목적을 분명하게 설정하고 사전 준비를 충실히 하는 것이 중요하다.

참여의 목적은 해외진출을 직접적으로 교섭하는 것이 될 수도 있고, 정보와 인적 자원 등을 공유하고 교류하거나, 국제 공동제작, 국제 공동창작 등 국제적 차원의 협력 프로젝트를 개발하는 것이 될 수도 있다. 나아가 아트마켓의 참여라면 어떤 프로그램을 중심으로 어떤 방법으로 참여할 것인지, 만약 부스

와 쇼케이스 등이 있는 플랫폼이라면 참가 여부 등을 결정하고, 해당 플랫폼의 특성에 맞도록 홍보자료도 열심히 준비하고, 어떻게 하면 더 효과적으로 작품을 소개할 수 있는지 전략적으로 정리를 해 두는 것이 필요하다.

국제교류는 어디에서부터 시작할 것인가? '스스로에 대한 자문으로부터 시작해야 한다. 공연예술 단체 혹은 예술가의 입장에서 공연예술 국제교류에 대한 의지와 열정이 있다면 먼저 목적과 대상을 떠올려 보아야 한다. 어떤 목적으로 어느 지역을 대상으로 국제교류를 시도할 것인가에 대한 자문이 그 출발점이 될 수 있다. 국제교류 의지와 필요성이 있고 목적과 대상이 분명해졌다면 이제 다리품을 팔아야 한다. 아무런 밑천도 없는 백지 상태에서 시작하려면 자세를 낮춰 먼저 시작한 사람들에 대한 눈동냥과 귀동냥을 통해 필요로 하는 정보와 자료가 어디에 있는지부터 찾아나서야 한다.'[1]

> **Tip 해외시장, 문 두드리기**
>
> 사전 리서치, 목적 설정을 거친 뒤의 단계는 '문 두드리기'이다. 축제나 아트마켓에 참여하여 직접 만남을 통해 대화를 나누고 작품을 제안하거나, 공식 작품 공모 등의 채널이 있는 경우에는 작품의 자료를 제출한다. 이메일을 보내서 작품을 홍보하거나 뉴스레터의 형식으로 예술단체의 소식을 지속적으로 전하는 것, 링크드인이나 페이스북, 인스타그램을 통해 교류하는 것 역시 문을 두드리는 방법 중의 하나이다. 이메일을 보내면 답장이 올까? 수많은 메일을 받는 프리젠터들이기에 예술가들이 답장을 받지 못하는 경우가 더 많다. 특히나 광고 메일 정도로 보이는 경우에는 더욱 그러하다. 이러한 일들을 겪으며 터득한 노하우 중에 하나는 대량 발송 이메일로는 효과를 기대하지 않는다는 점, 그리고 전략적으로 접근하고 싶은 대상에게 이메일을 보낼 때에는 구체적인 제안들을 담아서 회신할 만한 내용의 이메일을 보내기 위해 노력해야 한다는 점이다.

---

1) '예술경영 실무현장 매뉴얼 시리즈 2 국제교류', 서울문화재단, 정재왈 외

3) 포트폴리오 만들기

이러한 일들을 위해서는 스스로를 소개하는 방법을 정리하는 것이 필요하다. 공연 소개서를 포함한 예술가 포트폴리오, 그리고 웹페이지와 소셜 미디어가 도움이 된다. 다른 예술가들의 자료를 참고하면서, 어떤 형태로 나와 내 작업을 소개하는 것이 가장 좋을지 해당 네트워크의 특성을 토대로 계획을 수립하는 것이 가능하겠다.

포트폴리오는 나와 내 작업이 지닌 특징과 장점을 이해하는 것으로부터 시작한다. 작품과 활동을 충실히 담으며, 주로 사용하는 방법론이나 접근 방식, 프로세스 등을 포함할 수도 있다.

① **작품 선택과 정리**: 진출을 원하는 해외 시장에 맞추어 포트폴리오를 구성한다. 작품 중에서 해외 파트너에게 설득력이 있는 작품을 선택하고, 작품에 대한 상세한 정보와 이미지를 포함한다.

② **경력과 과정 기록**: 공연 경력, 제작 과정 및 파트너십, 수상 기록, 참여한 국내외 행사 및 축제 등을 명확하게 기록한다. 해외 파트너에게 신뢰를 줄 수 있는 실적을 강조하는 것이 중요하다.

③ **자기소개 및 예술적 비전**: 자기소개서와 예술적 비전을 기술하여 보다 구체적으로 자신의 예술 활동을 소개한다. 예술가 개인 및 단체의 예술적인 가치와 독특성을 강조하는 것이 주요 내용이 된다. 추상적인 묘사보다는 구체적인 단어로 설명하는 것이 도움이 된다.

④ **자료와 미디어**: 작품의 사진, 비디오, 음원 등을 제공하여 포트폴리오를 시각적으로 풍부하게 한다. 포트폴리오를 통해 작품을 간접적으로 경험할 수 있도록 돕는 것이다.

■ 동영상은 인쇄물로 제작한 작품 소개 자료와 함께 배포하여 작품에 대한 정보를 극대화하는 한편, 작품에 대한 관심을 이끌어낸다. 공연예술은 시간과

공간의 현장성이 생명이므로, 작품의 예술적 비전과 홍보·마케팅의 방향성을 염두에 두고 신중히 제작해야 한다. 그렇지 않으면 오히려 작품에 대한 좋지 않은 선입관을 제공할 수 있다. 편집본(Editing Version)인 경우 작품의 성격과 스타일을 보여 줄 수 있는 하이라이트 장면을 중심으로 5~10분 내외가 적절하다. 편집 기술을 너무 현란하게 사용하면 도리어 작품에 대한 신뢰도가 떨어지게 되므로 핵심적인 장면을 잘 선택하여 편집하도록 한다. CD 등 물리적인 자료 제공보다는 Youtube, Vimeo 등의 채널을 통해 링크 또는 큐알코드를 전달하는 것이 최근의 흐름이다. 공연을 기록한 전체 동영상(Full Version)은 정보 제공 요청이 있는 경우에 제공한다.

- 사진은 공연 작품의 특성을 한눈에 보여 주는 사진으로 고화질 이미지(300dpi이상)를 준비한다. 작품의 이미지는 기획자로 하여금 관객과의 소통 방식, 작품의 예술적 비전 등을 총괄적으로 가늠할 수 있도록 하기 때문에 작품이 지향하는 예술적 방향이나 비전을 충분히 고려하면서 제작하고 선택하도록 한다. 홍보물 제작의 기초가 되는 자료로 사전에 전문적인 촬영을 통해 자료를 확보해 두는 것이 필요하며, 공연의 장면을 잘 담아내는 것을 우선하되, 음악 공연 등 특정 장르나 작품의 스타일상 필요한 것이 아니라면 컨셉 중심의 프로필 사진 등은 공연 사진보다 후순위에 두는 것이 일반적이다. 대부분의 경우 프로필 사진은 공연을 이해하는 데 큰 도움이 되지 않는다.

포트폴리오의 구성을 좀 더 구체적으로 분류하면 공연 소개 자료, 기술 협의 자료, 그리고 투어 컨디션을 설명하는 자료 등으로 나누어 볼 수 있겠다.

- 공연 소개 자료: 공연의 제목·주제·소개글·구성·특징·크레딧 등을 포함, 공연의 소요시간이나 장르적 특성, 주요 타깃 관객층을 설명해 주는 것이 일반적이다. 특정 작품에 대한 소개뿐만 아니라 예술가의 작업 세계를 소개할 수 있도록 해당 작품과 더불어 다양한 작품들을 연결하여 함께 소개하기도

하고, 한 작품에 대한 소개를 중심으로 하는 자료가 아니라 예술가의 종합적인 포트폴리오로 여러 작품들을 한번에 살필 수 있는 방식으로 전체를 구성하기도 한다. 공연에 대한 리뷰나 비평의 글 역시 공연을 소개하는 데 도움이 된다.

- 기술 협의 자료/테크니컬 라이더: 공연의 기술적인 구현을 위해 필요한 요소들을 구비된 것과 요청하는 것으로 나누어 정리한다. 무대·음향·조명·영상 등의 기본적인 기술 요건과 더불어 무대 구현을 위한 인력 구성, 셋업과 리허설 등 준비를 위해 필요한 시간과 스케줄, 이 외에도 무대 세트의 운송 방식, 세트의 구성이나 현지에서 제작 및 조달이 필요한 부분을 기술하게 된다. 국내에서 공연을 할 때에는 쉽게 구현 가능했던 것들이 해외의 환경에서는 그렇지 않을 수 있기에 무대 기술 분야의 전문가와 함께 기술 구성 요소들을 함께 살피고 내용을 정리하는 것이 필요하다.

- 투어 컨디션을 설명하는 자료: 공연료, 투어 인원, 화물의 규모와 운송 방식 등의 기본 정보를 전달하는 것을 목적으로 한다. 비자 발급 비용이나 참여 예술가 및 스태프에 대한 일비 등에 대해서도 기술할 수 있다. 해외진출 시, 작품이 완성된 형태로만 투어하는 것은 아니며, 작품의 아이디어와 핵심을 중심으로 진출하되 이외의 부분을 현지에서 추가 제작하거나, 공연할 지역의 특색에 맞게 재창작할 수 있도록 다양한 옵션으로 세분화하여 설명할 수 있다. 이는 투어의 방식을 다각화하여 설명하고 교류의 가능성을 높이는 데 도움이 된다.

창작 중인 작품에 대한 홍보나 국제협력 프로젝트의 경우에는 위에서 설명한 공연 소개 자료, 기술 협의 자료, 투어 컨디션 자료 등을 좀 더 유연하게 활용할 수 있다. 작품의 구현을 위해 필요한 자원이 어떤 것들인지 어떠한 파트너십을 기대하는지를 중심으로 소개 자료를 만들 수도 있고, 예술가 및 예술단체의 특장점을 중심으로 어떠한 콘텐츠를 제공할 수 있는지, 협업을 통해 어떠한 부분에서 기여할 수 있는지를 정리할 수도 있겠다. 다만 내용이 장황하지 않은 것이 더욱 유리하다. 자세한 정보는 온라인으로 볼 수 있게 정리하되, 주요 내용을 중심으로 간결하고 임팩트 있게 정리하는 것이 효과적이다. 이를 위해서는 작성한 내용을 다른 이들에게 보여 주며 보는 사람의 관점에서 이해할 수 있는지, 매력적일지를 객관적으로 판단해 보는 것도 도움이 된다.

이렇게 포트폴리오를 구성할 때에는 공연 소개 자료나 기술 협의 자료는 계약하기 이전에 얼마든지 협의하에 변경이 가능하다는 점, 기본적인 정보를 정리해둔 것이지만 현지의 상황에 맞도록 조정하는 것이 가능하다는 점을 이해해야 한다. 지속적으로 업데이트하고 관리하는 것 역시 포트폴리오를 활용하는 데 필수적이다. 누구든 자료를 요청받았을 때 빠르게 제공하고 소통할 수 있는 것이 관건이기 때문이다. 더불어 소셜미디어 활동도 포트폴리오의 역할을 한다는 것 역시 중요한 부분이다. 꾸준하게 작업을 공유하고, 정체성과 지향점을 보여 줄 수 있는 메시지를 전달하는 소셜미디어 활동은 이메일을 통한 홍보 메일 발신만큼이나 중요한 정보 전달의 역할을 하며, 동시에 아카이빙 채널로서의 역할을 한다.

4) 파트너 찾기, 재원 조성

공연예술 국제교류의 현장에서 사용되는 여러 용어 중 '모빌리티(Mobility)'는 예술가, 작품, 관객, 아이디어 등이 국경을 넘어 이동하며 국제적인 교류와 상호작용을 추구하는 개념을 가리킨다.

이렇게 예술가, 작품, 관객, 아이디어가 국제교류를 하기 위해서는 '이동성'에 대한 재원 조성과 기회 마련이 함께 이루어져야 한다. 재원 조성은 프로젝트에 따라 누가 역할을 맡을 것인지, 얼마큼의 재원이 필요한지, 어떻게 재원을 조성할 것인지, 언제까지 이를 완수할 것인지 단계별·주체별 전략을 수립하는 것으로부터 시작하는데, 해외진출을 위해 필요한 재원 중 큰 비중을 차지하는 것은 바로 항공·화물·숙박 등 이동을 위한 비용이다. 축제나 공연장 등 초청의 주체가 이미 필요한 예산을 확보하고 있는 경우도 있지만, 그렇지 않은 경우이거나 혹은 국제 공동창작 등 민간 예술단체나 예술가 단위의 교류일 경우에는 이 이동성을 위한 비용을 별도로 마련하는 것이 필요할 때도 있다.

이러한 경우 공적기금을 기반으로 하는 지원기관의 국제교류 기금을 신청하거나 기업으로부터 민간투자와 스폰서십 등을 받을 수 있고, 때로는 대사관이나 재외 문화원 등 특정 국가를 거점으로 한 공공기관의 후원 및 파트너십으로부터 재원을 마련할 수도 있다. 국내의 국제교류 및 해외진출의 이동성을 지원하는 기관으로는 한국문화예술위원회, 예술경영지원센터, 한국국제문화교류진흥원 등이 있다. 최근에는 이러한 지원제도와 기금의 구조를 넘어서서 예술단체가 직접 크라우드 펀딩을 통해 재원을 조성하는 등 재원 조성 방식을 다각화하려는 움직임들도 보이고 있다.

공연이나 예술가의 이동성에 대한 직접적인 지원뿐만 아니라 리서치와 시장조사를 지원하는 것 역시 파트너십을 통한 재원 조성에 중요한 역할을 한다. 시장을 이해하고, 다양한 이해관계자들을 만나는 일이 궁극적으로 파트너십을 구축하여 작품의 개발이나 유통에 공동투자자(공동제작, 공동기획)를 만드는 것, 다양한 방식으로 재원을 조성하는 데에 핵심 동력이 되기 때문이다. 실제로 해외 예술계에서는 국가나 권역을 넘어서서 축제와 공연장이 작품의 공동제작자로 참여하며, 공동의 재원 조성을 통해 보다 안정적으로 새로운 작품을 발굴하고 유통할 수 있도록 하는 전략들을 많이 찾아볼 수 있다.

단순한 해외진출이 아닌 공동창작이나 협업 프로젝트의 경우 공동의 예산을 수립하고 프로젝트에 참여하는 이들이 각자 기여할 수 있는 부분이 무엇인지에 대해 투명하게 이야기를 나누며 토론하는 과정이 필요하다. 이때 각 참여자들이 무조건적으로 1:1의 비율에 따라 재원을 조성할 것으로 기대하고 강제하기보다는, 국가와 권역마다 주요 재원의 출처나 기금을 마련하는 방식 등에 차이가 있다는 것을 인정하고 접근하며, 서로에게 공유할 수 있는 자원이 무엇인지 이해하는 것이 중요하다.

5) 초청 논의 및 조건 협상

- 직접 교섭 혹은 에이전시 등을 통한 교섭 여부 결정
- 초청 조건 협의(일정, 장소, 지원 규모)
- 장소, 일자, 셋업 및 리허설 등 준비 공간, 대기실 및 스튜디오, 기간 및 횟수, 티켓 유·무료 여부
- 기술 사항 협의(조명, 음향, 무대, 리허설, 스태프)
- 이동 조건 협의(항공, 숙박, 화물 운송, 의전, 일비)
- 비자 및 초청 관련 출입국 절차 협의(비자 및 입출국 서류 발급 비용 부담 협의)
- 보험 가입(보험료 등 비용 부담 협의)
- 초청권 확보, 계약 체결

구체적으로 초청의 가능성과 조건을 협의하는 단계에서는 위에서 언급했던 포트폴리오와 공연 소개 자료, 기술 협의서, 투어 조건을 정리한 자료 등이 기초가 되어 협상을 진행한다. 초청자와 공연자 간의 역할을 명확히 하고, 공연료뿐만 아니라 공연의 투어를 위해 발생하는 다양한 비용 등을 고려하여 예산 계획을 검토하는 것 역시 이 단계에서 진행되는 일이다.

특히 북미 시장의 경우 에이전시를 통한 작품 거래가 활발하기에 이 단계에서 에이전시와 예술단체가 어떠한 조건으로 해외진출을 추진할 것인지에 대한 충분한 논의가 필요하다. 예술단체에게 필요한 요건들을 확인하고, 실질적으로 협상 논의가 진행되는 단계에서 별도의 재원 조성이 필요할 경우 에이전시를 포함하여 축제 및 공연장, 예술단체가 함께 의사결정을 하게 된다.

세부적인 계약의 단계로 이어지기 전 간략한 조건에 대한 협의 내용을 포함한 초청장을 받게 되기도 한다. 이는 예술단체가 개별적으로 국제교류 지원금을 신청하는 등에 활용되며, 추후 지원금의 확정 여부에 따라 계약서의 세부 내용을 구체화하여 작성하거나 기존에 논의되었던 내용을 보완하여 계약서 작성의 단계로 넘어가게 된다.

일부 예술단체들은 서울아트마켓 '팸스초이스' 선정작이라는 점 등을 이점

으로 명시하며 국제교류 기금을 받을 수 있는 가능성이 높다는 점을 전략적으로 어필하기도 하며, 공연 이외에도 워크숍이나 교육 프로그램 콘텐츠 등을 제공할 수 있다는 점을 포함하여 공연 초청의 다양한 이점들을 설명하기도 한다.

이 단계에서 중요한 것은 국가와 권역별로 공연의 진행에 필요한 환경과 요건 등이 다를 수 있기에, 파트너 축제 및 공연장과 이에 대해 구체적으로 이해를 나누는 것이다. 영국과 프랑스 등의 국가에서는 공연자들의 보험 가입 증서를 제출하는 것이 의무화되어 있는 경우를 살펴볼 수 있고, 비자 발급이 요구되는 경우에는 비자 발급에 소요되는 비용과 기간 등을 고려하여야 한다. 저작권에 대한 규정 역시 국가별로 다르게 적용될 수 있기에 창작물에 대한 저작권의 소유 여부 및 저작 사용권에 대한 검토 역시 중요하다.

기술 협의서의 주요 내용을 논의하는 과정에서는 국내에서의 공연장 규범과는 다른 부분이 있지 않을지 살피는 것이 필요하다. 안전 관리 규정이나 위험 요소에 대한 판단과 규범이 국가별로 상이할 수 있기에, 공연의 내용과 운영 방식을 최대한 자세하게 설명하는 것이 중요하다. 극장 내 물이나 불의 사용 가능 여부와 이에 따른 사용 허가 방식, 공연 대·소도구의 방염에 대한 지침, 공연장이 안전상 완전한 암전이 불가능하지는 않은지 등이 이에 포함될 수 있다. 더불어서 공연에서 사용하는 음원의 리스트를 사전에 제공하여 현지 음원 저작권법에 따른 저작권 사용 등록 신청 등이 필요하다는 점 역시 함께 명시하는 것이 필요하다. 국내 공연과는 달리 해외 공연을 위해 기술 협의서를 작성할 때는 공연단체가 필요로 하는 케이터링 등을 요청하거나, 현지 교통수단을 제공해야 한다는 내용 또한 포함하기도 한다.

화물의 운송 방식 및 세트의 운용 방식 역시 함께 협의하게 되는데, 이때는 전체 화물의 규모와 각 화물의 무게, 규격 등을 목록화하여 축제가 공연의 화물을 이해할 수 있도록 한다. 논의를 통해 화물 전체가 운송되는 것보다 현지에서 작품 세트의 일부 혹은 전체를 제작하는 것이 비용과 환경적 측면에서 더 효율적일 경우에는 현지 주최 측에 세트 제작의 방법을 자세하게 기술한 시방서[2]를 전달하여 현지 제작 가능 여부와 방법 등을 논의하게 된다.

---

2) 시방서(示方書, specification, technical standard)는 공사에 대한 표준안, 규정을 설명한 것이다. 재료에 대한 성질과 특성이나, 상품 등에 대한 사용법을 함께 설명하기도 한다.

더불어 한곳의 축제에서 초청을 받았을 경우에 이어서 다른 도시 및 인접 국가로 투어를 연결시키고자 한다면, 축제에서 요구하는 사항 중에 '배타적 공연 조항'이 있는지 사전에 협의해야 한다. 배타적 공연 조항은 최근 공연예술의 지속가능성을 고려하여 협력의 방식으로 작품을 함께 초청하고자 하는 움직임이 확산됨에 따라 점차 줄어들고 있다. 그러나 축제 내에서 핵심 프로그램으로 초청되거나 작품의 티켓 판매에 영향을 미칠 가능성이 있는 경우에는 배타적 공연 조항(독점권)이 요구될 수 있다.

6) 공연료

　　해외의 축제에서 공연료가 얼마인지 묻는다면 아래의 내용들이 모두 포함되어 있는지 꼼꼼하게 살피는 것이 중요하다. 이는 공연료에 대한 질문일 뿐만 아니라 관련한 세금, 해외공연으로 인해 발생하는 비용 등을 상세하게 살피는 기초 자료가 되기 때문이다.

① **공연료**: Net of Tax, 국가별로 조세조약 및 세금 비율이 다르기 때문에 공연료를 언급할 때는 세금을 포함한 순 공연료를 기준으로 작성한다. 공연료는 회당 기준으로 책정하되, 보편적으로 공연 횟수에 따라 조정하게 된다.

② **투어인원**: 항공, 숙박, 일비 등의 지급 근거가 되는 내용으로 투어 인원의 규모에 따라 축제 측에서 부담하는 비용 또는 재원 조성에 필요한 예산이 달라지게 되므로 적정 필요 인원을 정확하게 명시하는 것이 필요하다. 출연진과 스태프를 구분하여 해외 투어 시에 전체 출연진 및 스태프가 참여하는 것이 필요하지 않다면 특정 역할의 경우 현지에서 고용하는 형태가 가능하다는 내용 역시 명시하되, 이때 현지 고용으로 비용이 발생하는 것 역시 예산서 안에 포함시켜야 한다.

③ **항공비**: 위의 투어 인원을 기준으로 출발 도시 및 국가 등을 표시하여 항공비 또는 항공

권의 제공이 필요하다는 내용을 포함시켜야 한다.

④ **숙박 및 일비**: 숙박 비용 역시 투어 인원에 비례한다. 일비의 경우 식사를 제공해 주는 곳도 있고 식사 제공이 아니라 인원 수에 맞추어 일비를 별도로 지급하는 경우도 있으며, 공연료에 일비를 포함한 조건으로 계약하기를 원하는 곳도 있다.

⑤ **화물비**: 화물의 규모와 운송 방식, 운송 가능 시기 및 소요 시간 등을 명시하여 진행하는 것이 필요하다.

⑥ **비자 발급비 및 보험료**: 국가에 따라 다르게 적용되는 비자 발급 규정 및 보험료 등이 있음을 인지하고, 비자 발급 비용이 발생할 경우 이를 별도로 요청하여 협상의 요건으로 명시할 수 있다. 더불어 해당 국가에서의 공연을 위해 요구되는 특정 보험 등이 있다면, 그 비용 역시 공연료에 포함하여 제시하거나 별도의 비용으로 청구하는 것을 협의할 수 있어야 한다.

⑦ **현지 제작비, 기타 비용**: 작품의 특성 및 투어의 방식에 따라 현지 제작이 필요하거나, 라이선싱의 방식으로 저작 사용권 등에 대한 협의가 필요한 경우 이 역시 공연료의 컨디션을 설명하는 자료에 부가적으로 기술되어야 한다. 연극 등 공연 자막의 통·번역이 필요한 경우, 해당 비용 역시 제작비에 포함하여 논의할 수 있다.

⑧ **조세조약에 따른 세금 요건 확인**: 공연료에 기준하여 발생하는 세금은 국가간 조세조약에 따라 다르게 적용된다. 이는 계약 당사자의 영리, 비영리 여부 및 공공기금의 투입 여부 등 조건이 상이하므로 공연료를 제안할 때는 세금을 제외한 금액을 명시하는 것이 일반적이다. 이를 토대로 세금의 납부 의무를 협상하게 되며, 발생하는 세금을 해당 국가에 납부하는 주체가 초청자 측이 아닐 경우에는 해당 세금의 납부 규모와 과정·방법 등을 사전에 면밀하게 살펴야 한다.

7) 지원금 신청

- 초청장 및 계약 관련 서류 확보
- 예산계획 편성 및 기금조성 목표 설정
- 지원 신청 기금 및 프로젝트 제안 기관 결정
- 기관 및 단체별 제안서 작성 및 제출
- 기타 기업 협찬 제안 및 크라우드 펀딩 등

공연료와 공연 조건에 대한 협상이 진행된 이후 초청장을 받고 나면 협의에 따라 국제교류 지원금을 신청하게 된다. 기금은 기관에 따라 일정이 상이하므로 수시로 지원기관의 정보를 확인해야 한다. 국내의 국제교류 기금의 경우 다른 사업들과 마찬가지로 사업의 목적이나 주요 타깃 등이 자주 변하기에 이전에 알고 있던 사업일 경우에도 정보와 요건을 정확하게 파악하는 것이 요구된다. 국제교류 관련 사업을 지원하는 국내 주요 기관으로는 한국문화예술위원회, 예술경영지원센터, 한국국제문화교류진흥원, 한국국제교류재단 등이 있다.

한국문화예술위원회는 국제 문화예술 교류 지원사업, 국제 레지던시 참여 지원사업, 국제공동기금 등으로 국제교류를 지원하고 있는데, 국제 문화예술 교류 지원사업은 2024년부터 네트워크 활동에 주목하며 '네트워크를 개발하는 사업'과 '네트워크를 활용하는 사업'으로 그 유형을 분류하고 있다. 네트워크를 개발하는 사업은 추후 사업의 추진을 위하여 국제적인 네트워크를 형성하고, 네트워크에 참여하며 국제교류 프로젝트를 개발하는 단계를 지원하는 사업이라고 볼 수 있다. 네트워크를 활용하는 사업은 이렇게 개발되거나 기존에 형성했던 네트워크를 토대로 국제교류 사업을 추진하는 것에 해당한다. 국제 레지던시 참여 지원사업은 지정된 레지던시에 지원하거나, 개별적으로 레지던시 참여가 확정된 경우 참가에 필요한 비용을 지원받을 수 있는 사업이다. 작품의 개발 단계 또는 역량 강화를 위한 레지던시 참여를 추진할 경우에 공모를 통해 사업에 참여할 수 있다. 공동기금은 국가 간 수교 사업이나 국가의 기관 간 협력을 통해 예술 지원금을 공동으로 마련하는 사업으로 대부분 2년에서 3년에 걸친 장기 프로젝트의 형식으로 공모를 진행한다.

　예술경영지원센터는 서울아트마켓 및 서울국제공연예술제를 주관하는 것과 더불어 별도의 기금을 마련하여 해외 투어를 지원하는 센터스테이지코리아 사업과 국제협력 프로젝트를 개발하기 위한 리서치 단계를 지원하는 캄스커넥션 사업을 운영한다. 센터스테이지코리아는 해외 공모와 국내 공모로 나뉘는데, 해외 공모는 해외의 축제 또는 공연장에서 한국 단체를 초청하고자 할 경우에 지원할 수 있는 유형이다. 센터스테이지코리아의 지원 요건은 한국 단체를 2팀 이상 초청하거나, 한국 포커스 또는 개·폐막 공연에 준하는 프로그래밍으로 한국 단체를 초청하는 경우, 또는 한국 작품이 2개 이상의 축제 또는 공연장에서 연이어 투어를 하게 되는 경우이다. 서울아트마켓 팸스초이스 또는 저니투코리안뮤직 저니초이스 선정작의 경우 공모 지원 시 가산점이 부여된다. 캄스커넥션은 한국과 해외의 전문가들이 상호 교류를 통해 리서치를 수행하고 시장조사 및 해외 네트워크를 구축하여 향후 지속적으로 교류 활동의 기반을 마련하는 것을 목적으로 설계되었으며, 특정 기관과 연계하여 기획된 사업에 참여자를 모집하는 유형과 개별적으로 리서치를 설계하여 수행하는 유형으로 나뉜다. 리서치에 참여한 이들은 이후 국제교류 프로젝트 개발의 후속 지원을 신청할 수 있다.

　한국국제문화교류진흥원은 국가 및 권역 거점으로 수교 사업 및 기획 사업들을 운영하는 것을 주된 사업 방향으로 하고 있다. 트래블링 코리안 아츠는 전 세계 재외 한국문화원과의 긴밀한 협의를 토대로 한국 공연들을 해외 예술계에 소개하는 사업이다. 사전에 공연 작품을 공모해서 투어 리스트를 만들고, 이를 선정된 해외 공연장 및 축제 등에 매칭하는 방식으로 진행되며, 항공료 및 화물비 등 이동 비용뿐만 아니라 공연에 필요한 제반의 비용을 지원한다. 국가 간 협업과 교류를 지원하는 쌍방향 국제문화협업 코리아 라운드 컬처는 일방향적이고 단발성 위주의 사업을 넘어서서 상호 호혜적인 교류를 토대로 설계된 프로젝트들이 지속적으로 협력할 수 있도록 지원하는 기금이다. 이 밖에도 한-아세안 문화혁신 공동 협력 프로젝트 등 권역을 거점으로 개발된 공모 사업들이 리서치, 작품 개발, 발표와 유통 단계를 지원한다.

8) 계약서

공연을 개최하기 위하여 교섭의 과정을 거쳐 모든 조건이 합의되었을 경우 문서 형식의 계약서를 체결한다. 계약서는 체결 순간 법적 효력을 지니며 쌍방을 구속하는 효과를 발생하기 때문에 초청하는 측과 예술가 간의 상호 권리와 의무 조항을 상세하게 살필 수 있도록 최대한 자세하게 작성한다.

계약서는 공연의 실질적인 준비 과정에서 가장 섬세하게 챙겨야 하는 부분으로 논의의 과정을 고려하면 최종 계약 체결까지 오랜 시간이 소요된다. 실제로 항공권 구입 및 화물 운송 등 서둘러 진행하는 것이 필요한 사안이 있기에 국내에서의 공연보다 더 서둘러야 하는 요소이기도 하다. 해외공연 시 계약서의 기본 구성을 살펴보며 각 항목의 내용을 통해 위에서 언급했던 내용들을 조금 더 구체적으로 다루어 보고자 한다.

■ 계약서의 구성 요소

계약서는 축제에서 사용하는 표준 양식으로 제공받거나, 공연단체가 각 공연에 맞게 작성하여 가지고 있는 계약서의 내용을 토대로 상호 협의하에 작성하게 되는 서류이다. 당연히 계약서의 세부 내용은 계약 주체 간의 논의에 따라 수정 및 변경, 추가가 가능하며, 공연의 유형과 공연 발표의 방식 및 계약 주체 간의 역할과 책임 범위에 따라 달라진다. 다음의 유형은 계약서의 내용을 다르게 작성하는 데 참고가 되는 구성 요소에 대한 설명이다.

① 계약 개요 Purpose of Contract
- 계약 분류: 공연 계약, 공동제작 계약, 투어 계약, 라이선싱 계약
- 계약 주체: 계약 당사자들의 단체명, 대표명, 주소 등
- 계약 기간: 계약 체결 시점으로부터 계약 종료 시점 명시

② 공연 정보 Performance Information
- 공연 정보: 공연명, 횟수, 일시, 장소, 소요시간 등

- 참여 인원: 출연진 및 스태프 인원과 각 참여 인원의 역할

③ 공연료 Performance Fee

- 금액, 지급 방식, 지급 시기

- 공연료 내 포함 내용 및 불포함 내용 기술

④ 숙박 및 일비 Accommodation and Perdiem

- 루밍리스트: 개인실 및 2인실, 아파트형 숙소 등 투어 인원의 숙박 배치 리스트

- 일비: 도착하는 일자부터 출발하는 일자까지 현지의 물가를 고려한 하루 식비에 해당

⑤ 교통 Transportation

- 항공비: 출발 국가 및 도시를 기준으로 투어 인원에 대한 왕복 항공비

- 현지 교통비: 현지 도시 내에서 공항, 공연장, 숙소 간 이동 교통비 또는 교통수단의 제공

⑥ 운송 Freight

- 화물 운송 규모: 화물의 무게와 규격

- 화물 운송 내용: 화물의 목록과 용도

- 화물 운송 방식: 선박운송, 항공운송, 항공 이동 시 초과 수하물 등

⑦ 비자 Visa and Immigration

- 비자 발급에 필요한 요건, 비용

- 비자 발급 관련 제공되는 서류 목록

- 해외여행의 결격 사유가 없어야 한다는 점 명시 등

⑧ 저작권 Royalty

- 작품의 구성 요소가 되는 음악, 무대, 미술, 디자인, 텍스트 등의 저작 사용권 확보 여부

⑨ 티켓 판매 Ticket Sales

- 공연을 유료 티켓으로 판매할 경우 수익 분배 방식
- 공연단체에 해당 공연의 초대권 제공 여부 등

⑩ 배타적 공연권 Exclusivity

- 본 공연 전후 일정 기간 동안 해당 도시 및 인접 지역에서 동일한 공연을 진행하지 않겠다는 조항

⑪ 보험 및 안전 Insurance and Safety

- 출연진 및 스태프에 대한 보험 가입의 의무, 보험 서류 제출 의무 등
- 해당 공연에 대한 안전 점검 평가서, 안전 관리 계획서 제출 의무

⑫ 불가항력 Force Majeure[3]

- 천재지변 등 불가항력적 상황 발생 시 서로 책임을 묻지 않겠다는 조항
- 불가항력에 대한 해석에 따라 보상 및 책임의 범위 구체화

⑬ 취소, 분쟁조정

- 취소 및 계약 해지 요건
- 분쟁 발생 시 중재 및 조정 방식

⑭ 테크니컬 라이더 Technical Rider

- 공연에 필요한 기술 요건을 상세히 명시한 내용
- 공연단체에서 직접 준비하는 내용과 초청자가 준비하여 제공하는 내용을 구체적으로 구분
- 공연 이외에도 리허설 스튜디오, 대기실 제공, 케이터링 등의 상세 내용을 포함

---

3) 불가항력은 계약의 두 주체에게 공통으로 적용되는 조항으로 통제 불가능한 상황이 발생하여 공연 개최가 어렵거나 예술가가 출연하기 힘든 상황의 발생을 말한다. 천재지변, 재해, 재난, 파업, 내란, 전염병, 전쟁, 정부 조치 등 계약 주체들이 통제할 수 없는 상황 및 예술가의 질병 및 상해, 사망 등이 해당된다. 불가항력이 발생할 경우 계약의 양 주체는 서로에 대한 책임을 지지 않는 것을 원칙으로 하되, 이미 발생한 비용에 대해서는 보상 등의 여부를 협의하여 상세하게 추가 기술할 수 있다.

> **Tip 계약서 검토 시 유의사항**
> 계약서는 계약을 체결하는 당사자 간의 역할과 책임의 범위를 명시하는 공적인 문서이다. 세부 내용을 살펴볼 때 해당 항목의 책임이 누구에게 있는지 정확하게 파악하는 것(예: 항공권 구입 비용은 누가 책임지며, 예약은 누가 진행하는지)이 필요하다.

9) 테크니컬 라이더

테크니컬 라이더는 공연이 필요로 하는 기술 요건을 상세하게 반영한 아카이브 문서로, 공연의 투어를 고려할 때 주최 측에 해당 공연의 요구사항을 설명하는 데에도 사용된다. 공연을 진행하기 위해 충분한 자원과 계획이 있는지 파악하고, 방법을 찾는 데 도움이 되는 서류이다. 기술감독이나 무대감독 등 무대기술의 전문가가 작성하게 되지만 창작자, 프로듀서의 관점에서 내용을 함께 살펴보며 세부 사항을 확인하는 것이 필요하다.

■ 테크니컬 라이더의 구성 요소

① 기본 정보
- 공연 제목
- 공연 단체명
- 창작자·연출자
- 무대기술 담당자
- 연락처
- 공연 소요시간
- 공연 장르·유형
- 대상 관객층(관람 연령대)

② 무대

- 무대 종류: 프로시니엄, 블랙박스, 무대 트러스트 구조물 및 상하부의 사용 여부
- 무대 규모: 폭, 높이(최대, 최소)
- 무대 등·퇴장로: 대·소도구 및 배우의 등·퇴장에 필요한 동선, 출입을 위한 등·퇴장로의 규모
- 무대 막, 커튼 등의 사용 여부 및 방식
- 무대감독 및 콘솔의 위치
- 무대 스태프의 필요 여부 등

③ 관객

- 관객 규모
- 관객의 공연 참여 여부
- 관객과 무대 사이의 거리 및 높낮이
- 객석 등급 필요 여부
- 공연장 및 무대 특성에 따른 객석 사석 발생 여부

④ 대기실

- 대기실 필요 수량
- 대기실 사용 인원
- 공연 전 웜업 공간 필요 여부
- 대기실 구비 사항
- 샤워실, 세탁실 필요 여부

⑤ 객석

- 객석에 필요한 사항

⑥ 세트

- 공연 전 프리셋의 상태에서 세트를 파악할 수 있게 찍은 사진 첨부
- 세트 구성 목록

- 세트 운송 방식

- 세트의 단위별 무게 및 규격, 세트 반입 방식

- 리깅 필요 여부, 세트 이외에 설치를 위해 추가로 반입하는 장치 유무 등

- 현지에서 제작하게 되는 세트가 있는 경우 세트 제작에 관한 요청 사항, 시방서

⑦ 소품 및 의상

- 소품 목록(세세한 것보다는 큰 규모의 것들 위주로)

- 무기, 화기 및 특수효과와 관련된 장치 유무, 안전 계획

- 공연 중 음식을 소품으로 사용하는지 여부, 조달 방법

- 세탁 필요 여부

- 공연 중 의상의 퀵 체인지 등에 별도 인력 필요 여부

- 배터리 등 항공으로 운송할 수 없는 물품에 대한 현지 조달 요청

⑧ 조명

- 기존의 조명 플랜 첨부(단 공연을 하게 되는 공연장의 컨디션을 반영하여
  재조정하게 될 것)

- 전막 공연 및 쇼케이스에 따라 조명 계획이 달라지기도 함.(대부분의 쇼케이스 시
  전환 시간이 짧은 것을 고려하여)

- 가지고 가는 장비가 무엇인지 구체적인 사양 표기(공연장의 장비와 호환성 체크를 위해)

- 조명과 관련하여 공연장에 요청하는 사항

- 조명감독 또는 조명 디자이너 등 조명 관련 담당자의 연락처, 투어 동행 여부

- 전원: 전원 용량과 전압, 플러그 형태 확인

- 공연장의 조명 장비 리스트와 조명 그리드 도면 등을 요청할 것
  (pdf 포맷 및 dwgs 포맷)

- 셋업 이전에 사전에 논의하여 요청한 조명 플랜대로 조명기가 걸려 있는지,
  혹은 셋업 시간에 조명 셋업을 포함해야 하는지 여부 확인

⑨ 음향
- 스피커와 음향 장비의 위치를 표시한 음향 플랜 첨부
- 가지고 가는 장비가 무엇인지 구체적인 사양 표기(공연장의 장비와 호환성 체크를 위해)
- 음향과 관련하여 공연장에 요청하는 사항
- 규모가 큰 악기의 경우 초청자 측에 조달을 요청할 수 있음.
- 전원: 전원 용량과 전압, 플러그 형태 확인
- 라이브 음악 연주자와 함께 투어 시 드럼 카펫, 모니터 스피커, 보면대, 보면대 조명 등 악기와 관련한 요청사항 및 매 공연과 리허설 전에 사운드 체크에 충분한 시간이 필요하다는 점 명기

⑩ 셋업, 인력
- 투어에 동행하는 기술 스태프 인원과 역할
- 셋업에 추가로 필요한 기술 스태프 인원과 역할
- 무대 세트의 설치를 위한 목공 작업 필요 여부, 라이브 음악 셋업을 위한 음향감독 필요 여부 등
- 대략의 테크니컬 일정표(반입, 셋업, 기술 체크, 공연, 철수 등을 순서와 소요 시간을 기준으로)
- 인터컴 및 무선 인터컴 사용 수량과 위치 명시
- 무전기 사용 수량과 위치 명시
- 무대감독 및 스태프들의 스테이지 모니터링을 위한 카메라와 모니터 규격, 수량, 위치 명시
- 각 분야의 현지 고용 인력은 전문 인력이어야 하며, 작업 시간을 준수하여야 한다.

⑪ 접근성
- 무대 기술 스태프 및 출연진 등 구성원의 접근성 관련 요청사항

⑫ 특수효과 및 안전관리 계획
- 공연에 사용하는 특수효과
- 공연의 특성에 맞는 안전관리 계획

- 공연 종료 후 발생되는 폐기물 및 처리 방식
- 차량 등을 이용하여 이동할 경우 주차 등의 필요 여부

> **Tip 테크니컬 라이더 - 꼼꼼하게, 유연하게!**
> 꼼꼼하게 규칙과 요건을 기술하는 것을 기본으로 하되, 요구사항을 충족시키는 것이 중요하지만, 실제로 공연의 구현을 위해 주최 측과 공연자가 협력하여 유연하게 대처하고 합의에 도달할 수 있다는 것을 강조하는 것도 필요하다. 테크니컬 라이더가 너무 까다로워 보여서 구현이 어렵다고 느낄 경우 공연의 해외 진출에 제약이 될 수도 있기 때문이다. 공연장은 서로 다르기 마련이며, 주최 측이 가진 자원과 장비도 다를 수밖에 없다. 테크니컬 라이더의 조건을 충족시키기 위해 공연장 및 주최 측과 협력하여 방법을 함께 찾는 것이 중요하다. 만일 협의에 의해 테크니컬 라이더의 내용을 변경했다면 잊지 말고 문서화해 두는 것이 좋다.

10) 운송

무대 세트와 대도구의 운송을 고려할 때는 아래의 사항을 참고할 수 있다.

- 운송 물품 목록: 반드시 필요한 것, 현지에서 대체 가능한 것
- 운송 물품 규격과 무게: 총 무게 및 단위 무게, 총 규격 및 단위 규격
- 운송 방식: 항공화물, 해상화물, 초과 수하물, 현지 제작
- 운송 일정: 항공화물이 가장 정확하고 빠른 운송 가능, 해상화물은 거리에 따라 1~2개월 소요
- 운송 견적, 업체 선정
- 국내 상차 방식, 해외 공연장 반입 방식, 행사 종료 후 재운송 방식 확인
- ATA 까르네 서류: 일시적으로 물품을 수입, 수출 또는 보세 운송하기 위하여 필요로 하는 절차. 통관 서류나 담보금을 대신하는 증서로, '화물의 여권'이라고도 불림.

11) 항공과 숙박

투어 인원의 항공편을 구입할 때는 주최 측에서 직접 예약을 진행한 뒤 이티켓 등을 보내주거나, 지원금 등으로 직접 항공권을 구입할 경우에는 여행사 또는 항공사를 통해 직접 구매를 진행하게 될 수 있다.

- 투어 인원의 여권유효 기간 확인
- 여권 영문명과 이티켓의 승객명 확인
- 항공편 출발·도착 시간에 따른 내륙 이동편 조율
- 비자 발급 및 출입국에 따른 결격 사유가 없어야 함.
- 세트를 초과 수하물로 가지고 갈 경우, 각 항공사별 초과 수하물 규정을 항공권 구입 전 확인

숙박은 항공 일정에 맞추어 정하게 되며 아래의 사항을 참고할 수 있다. 숙박 역시 협의에 따라 주최 측에서 예약 및 비용 부담을 해 주거나, 공연단체가 직접 예약 후 해당 금액을 청구할 수도 있다.

- 숙소와 공연장 간의 거리
- 객실의 종류 및 수량
- 숙박 시설 내 조식 포함 여부
- 주변 환경 및 편의시설
- 항공 일정에 따라 얼리 체크인, 레이트 체크아웃 필요
- 세탁 시설, 주방 시설 여부, 취사 가능 여부

12) 저작권

공연에 사용되는 음악, 미술, 대본, 의상, 영상, 안무, 연출 등의 저작권자가 별도로 있을 경우 저작권에 대한 사용 권한을 확보하거나, 사용료를 납부하는

것이 필요하다. 음원 저작권을 직접 소유하고 있지 않은 음악을 공연에 사용할 경우, 해당 저작 사용료를 수익에 비례하여 납부하는 것이 일반적이다. 다만 이 역시 국가 및 공연장별로 다르게 적용될 수 있으므로 초청자 측과 사전에 협의하는 것이 필요하다. 저작권협회를 통한 사용료 납부 체계를 따르지 않는 미술, 대본, 의상, 영상, 안무, 연출 등의 경우에는 협의에 따라 별도로 저작료의 지급 필요 여부 확인 및 지급 방식 등을 사전에 논의해야 한다.

13) 불가항력

불가항력 조항은 공연예술 분야에서 계약 당사자들 간의 계약이 불가피한 이유로 인해 이행되지 못할 경우를 다루는 중요한 법적 조항이다. 전쟁, 자연재해, 유행병 등 예기치 못한 상황이나 예외적인 사건이 발생했을 때 계약 당사자들에게 어떤 권리와 의무가 있는지를 규정한다.

- 자연재해: 지진, 홍수, 폭풍, 화재와 같은 자연재해
- 전쟁과 테러: 전쟁, 테러 공격 또는 국제적·정치적 불안 요소
- 법적인 제재와 규제: 국가 차원의 법적인 규제나 제재로 인한 계약 이행이 불가능
- 질병의 확산: 전염병의 대유행
- 노동 분쟁: 노조의 파업 등

불가항력 조항은 다음과 같은 상황에 적용될 수 있다.

- 계약의 해지 또는 연기: 불가항력 사건이 계약 이행을 불가능하게 만드는 경우, 계약 당사자들은 일시적으로 계약을 연기하거나 종료할 수 있다.
- 책임의 제한: 한 당사자가 불가항력 사건으로 인해 계약을 이행하지 못한 경우, 그로 인한 손해에 대한 책임을 일부 또는 전적으로 지지 않아도 된다.
- 상호 협의에 따른 대처: 불가항력 시 당사자들이 상호 협의를 통해 불가항력 상황에 대한

대처 방안을 합의할 수 있도록 허용한다.
- 손해 배상의 제한: 불가항력 시 특정 상황에서의 손해 배상 책임을 지지 않아도 된다.

불가항력 조항은 극히 예측하기 어려운 상황에서 발생할 수 있는 상황과 사건에 대비하며 계약을 체결하는 데 도움이 되지만, 구체적인 법적 효과와 해석은 해당 국가의 법률과 계약서의 어구에 따라 다를 수 있으므로 전문 법률 자문을 받는 것이 좋다.

14) 현지화 제작

공연 소개서와 테크니컬 라이더를 전달하고, 공연의 실제 운영 방식을 논의하면서 종종 작품의 구성 요소 중 일부를 현지화하는 전략을 취하게 되기도 한다.

무대의 세트 혹은 대·소도구를 현지에서 제작할 경우에는 기존의 무대 디자인을 그대로 유지할 것인지 혹은 공연장의 컨디션에 맞추어 간소화하거나 변화 시킬 것인지를 결정하게 되며, 이후 결정된 디자인을 토대로 공연단체의 무대 디자이너가 시방서를 작성하여 전달한다.

무대 소품을 현지에서 조달할 경우에는 필요한 물품의 목록과 규격, 사양 등을 상세하게 명시하여 전달하되, 동일한 물품을 찾기 어려울 때는 유사한 것으로 대체할 수 있다. 이때 어떻게 대체할 것인지에 대해서는 주최 측과 공연단체가 함께 논의해야 한다.

출연진 및 스태프를 현지에서 섭외, 고용하는 것 역시 현지화의 방법 중 하나이다. 국내에서의 공연에 출연했던 인원 전부가 다 해외 공연에 참여하는 것이 아니라, 현지에서 오디션 및 참가자 모집 등을 거쳐서 출연진을 추가로 섭외한 뒤 리허설을 통해 함께 무대에 오르는 것이 이러한 방법 중에 하나이다. 무대 기술과 관련한 스태프 및 디자이너 등을 현지에서 고용하는 것도 마찬가지로 적용해 볼 수 있다. 이 경우 협업하게 되는 이들의 참여 시간, 역할과 책임 범위 등을 사전에 정확하게 논의하는 것이 좋다.

　공연에 대사가 포함되어 있는 경우 자막을 번역하는 것 역시 중요한 과정이다. 자막 번역은 사전에 미리 준비하는 것이 필요하며, 좋은 번역은 섬세하게 공연의 맥락을 이해하며 공연의 분위기를 이어 가게 한다. 자막을 현지어로 번역하는 경우에는 상호 검수를 거치는 것이 필수적이다. 공연의 맥락에 대한 이해가 잘 반영되었는지, 더불어 현지의 언어 사용 문화를 고려하여 번역되었는지를 확인하는 절차인 셈이다. 자막의 위치는 조명 및 영상, 출연진의 동선 등을 고려하여 정해야 한다. 자막의 위치를 설정하고, 자막 한 페이지에 다룰 분량을 정한 뒤에는 공연과 함께 연습하고 리허설을 하는 것이 필요하다.

15) 취업허가서 및 비자

한국에서 해외로

　투어에 참여하는 모든 인원은 여권을 소지하고 있어야 하며, 여권의 유효기간이 충분하지 않다면 사전에 갱신을 해 두어야 한다. 더불어 투어 인원은 해외여행의 결격사유가 없어야 한다. 이러한 사항이 확인되고 나면 공연을 하게 되는 대상 지역 및 국가에 따라 참여자 전원의 취업허가서 또는 비자를 발급받아야 한다. 초청의 주체와 계약 방식, 수익 배분 여부와 수익의 규모 등에 따라 취업허가서가 필요하지 않은 경우도 있으나, 취업허가서의 발급이 완료되어야 비자발급 절차가 진행되는 케이스들도 있다.

　공연 후 수익을 얻는 구조의 계약일 경우에는 일반적인 '취업비자'와는 다른 '단기 취업비자'를 발급받게 된다. 국가에 따라서 '예술 및 연예활동 비자' 등이 따로 분류되어 있는 케이스도 있다. 이렇듯 비자를 발급받기 위해서는 국가별로 다른 정책을 확인해야 하며, 행정 처리에 필요한 서류들은 충분한 시간적 여유를 두고 준비해야 한다. 주최 측은 비자 발급에 관련될 사항을 충분히 안내하고 과정을 도울 의무를 지닌다. 하지만 실제로 서류를 제출하고 비자를 취득하는 과정은 오롯이 예술가, 예술단체의 몫이다.

단체에 투어 매니저 등의 역할을 맡은 사람이 있는 경우 구성원들의 서류를 함께 준비하여 일괄 신청하게 되는 것이 일반적이다. 일부 국가의 경우에는 지정된 비자 발급 대행소를 통해서만 비자를 신청할 수 있게 하기도 하며, 전문 대행업체 등을 통해서 발급 신청을 하는 것이 더 용이한 경우도 있다. 변화하는 국제적 정세에 따라 예측 불가능하게 비자 발급이 원활하지 않을 수 있다는 점도 기억해 두어야 한다. 국가 간의 외교 관계 역시 비자 발급에 영향을 미친다.

비자 발급 업무는 대사관의 영사과에서 담당하게 되는데, 담당 영사에 따라 요구하는 서류의 내용이나 방식이 다를 수 있다. 필요시 비자 발급 협조 레터를 함께 첨부하거나, 담당 영사와의 통화를 통해 추가로 설명을 하게 되기도 한다.

- 비자의 종류 및 비용 확인: 대사관, 영사과
- 비자 신청 서류 준비: 초청장, 계약서, 주최 측의 소개서 및 행사 소개서 등
- 비자 발급 신청서 작성: 필요시 주최 측과 함께 세부 내용을 확인하여 작성
- 비자 발급 신청: 여권과 함께 실물 서류 제출 또는 온라인 신청서 제출

> **Tip 비자 발급, 어렵지 않을까?**
>
> 비자 발급은 국가별로 정책이 다르고, 초청 주체의 유형에 따라 다르게 적용될 수 있으므로 항상 시간 여유를 가지고 준비하는 것이 필요하다. 미국 비자는 유난히 까다로운 편인데, 미국 비자 신청 시에는 현지의 이민·영사법을 잘 이해하고 있는 법률 전문가의 조력을 구하는 것도 효과적이다. 법률 전문가가 기본 서류의 준비를 돕는다고 해도 예술단체에서는 단체의 활동 내용을 증빙할 수 있는 기사 등의 자료, 추천장, 미국 공연 노조의 허가서 등을 추가로 준비해야 한다. 이후에 인터뷰 일정을 잡고 모든 서류를 준비하는 데 최소 3개월의 시간을 확보하는 것이 안정적이다. 특정 국가에 출입국한 경험이 있는 여권 소지자일 경우에는 해당 인력에 대한 비자 발급이 거절될 수 있기에 비자 발급 시점에서의 투어 인원들의 해당 국가 방문 여부 등을 확인하는 것도 필요하다. 이 외에도 비자 발급 시 인터뷰를 필요로 하는 국가나 영사과에 공증서류 등을 추가로 제출해야 하는 국가도 있기에 공연의 투어를

> 확정하기 전 반드시 비자 발급의 방식과 비용, 일정과 절차를 확인하는 것이 필요하며, 한 번 방문한 적이 있는 국가일지라도 이민·영사법이 변경될 수 있으니 알고 있다고 방심하는 것은 금물이다. 다시 한 번 꼼꼼히 체크해야 한다.

해외에서 한국으로

비자 발급에 관한 요건들은 한국에서 해외 예술가를 초청하는 경우에도 동일하게 적용된다. 해외 예술가는 거주하는 국가 또는 인접 국가의 한국대사관에 비자 발급을 신청하게 되는데, 이 경우 단기취업 C-4 비자를 취득하는 것이 일반적이다.

비자 신청 서류에는 '영상물등급위원회'의 추천 서류가 포함되는데, 국내에서 해외 예술가를 초청하는 주체가 공연의 내용과 출연진 등의 정보를 포함하여 영상물등급위원회에 추천 신청서를 발송하면, 해당 내용을 검토하여 최대 2주 이내로 서류가 발급된다. 이 신청서에는 해외 예술가의 국적, 여권정보를 포함한 명단과 프로필, 계약서, 공연료 금액, 항공료 등의 정보가 포함된다.

한국대사관의 소재 국가에 따라 신원 보증서를 요청하는 경우도 있는데, 이 경우에는 국내 체류지와 더불어 초청자의 개인 정보 및 공증을 위한 서명과 신분증 등이 필요하다. 일부 국가의 한국대사관은 비자 발급 신청을 위한 대사관 방문 일정 등을 별도로 예약받기도 하고, 국가에 따라 절차와 소요 시간 등이 상이하기에 각 국가의 한국대사관 홈페이지를 통해 구체적인 비자 신청 절차를 확인해야 한다.

정부 또는 지방자치단체 및 정부 산하의 공공기관 등에서 축제 등을 주최하는 경우에는 주최 측의 초청장이 영상물등급위원회의 추천서를 대체할 수 있다. 국·영문 초청장과 더불어 사업자등록증, 비자 발급 협조요청 공문을 발송한다.

3-2. 프로덕션

1) 출입국

입국 시에는 해외 공항에 도착 후 제일 먼저 입국심사를 거치게 되는데, 이 때 국가별로 비자나 취업 허가서 등의 작성이 필요한 경우가 있다. 경우에 따라 극장이나 공연장으로부터 받은 공식 초청장이나 행사의 소개자료, 주최 측의 담당자 연락처 등을 지참하고 있으면 입국심사 시에 도움이 될 수 있다. 취업 허가서 또는 비자의 발급 방식 및 발급 유형은 매번 달라질 수 있으며, 각 국가의 대사관을 통해 확인할 수 있다.

세관에 통과되지 않거나 비행기에 소지하고 탑승하는 것이 불가능한 물품 역시 국가별로 상이하다. 장난감 총, 목검 등이 반입이 되지 않는 경우가 다수 있으며, 무대에서 사용하는 공구류 및 전자 장비의 배터리 등도 용량 제한이 있는지 사전에 확인하는 것이 필요하다.

공연에 필요한 소도구 등을 탑승 시 기내 수하물로 들고 타거나, 위탁 수하물로 맡기는 경우에는 각 항공사별로 수화물의 규격 및 무게 등에 대한 규정을 확인하는 것이 중요하다. 위탁 수화물은 대형 수하물, 개수 초과 수하물, 무게 초과 수하물 등으로 추가 요금이 다르게 적용된다. 투어로 여러 도시에서 공연을 할 경우, 도시 간 이동 시의 화물 규정 역시 추가로 체크해 두어야 한다. 도시 간 이동에서 비행기를 탈 경우 공항이나 항공사가 다르다면 항공사 별로 조건을 사전 확인해야 한다. 이는 귀국 시에도 마찬가지이다.

입국심사와 세관을 거쳐 수화물을 확인하고 나면 극장·축제에서 픽업을 담당하는 사람을 만나서 이동하거나, 사전에 안내받은 이동수단을 통해 숙소·공연장소로 이동하게 된다. 입국 전에 픽업 담당자의 연락처 및 공항에서 숙소·공연장소 간 이동 거리 등을 확인하는 것이 필요하다. 주최 측이 일비나 식권 등을 제공하는 경우, 도착 직후 지급받는 것이 좋다.

2) 기술회의

기술회의는 공연장소를 답사하고, 사전에 협의한 기술사항들이 현장에서 어떻게 구현되는지를 점검하는 절차이다. 또한 공연을 준비하는 과정에서부터 공연 진행까지의 전체 일정을 확인하게 된다. 협의한 조건에 따라 공연에 필요한 전체 스태프가 투어에 참여하지 않는 경우, 현지에서 참여하는 스태프의 규모와 역할, 과업의 범위 등을 다시 한 번 확인하는 것이 필요하며, 이 모든 사항들은 계약서와 계약서의 별첨 서류인 기술협의서에 근거하게 된다.

기술회의에는 공연의 연출·무대감독 등 주요 스태프들이 참여하게 되며, 별도의 통역사가 필요할 수 있다. 이 회의에서는 사전에 협의된 기술협의서를 토대로 현장 계획을 함께 점검하며, 문제나 돌발 상황에 대응하는 역할을 한다. 악기·무대장비 등을 현지에서 조달하는 경우, 요청한 사양과 일치하거나 유사한지 사전에 확인하는 것이 필요하다. 특히 규격·무게·전압 등 기술세부 사항의 단위 표기 방식이 국가별로 상이하므로, 해당사항을 꼼꼼하게 점검해야 한다. 또한 공연의 하우스 운영 방침, 공연 구성 요소의 세부적인 점검 등도 함께 진행한다. 안전 수칙 등에 대한 별도의 교육이 진행되는 경우도 있다. 국가별로 공연장 내 안전 규정들이 상이하기에 사전에 방염이나 대·소도구의 안전성 확인 등이 필요한지 상호 점검해야 한다.

3) 화물 반입

공연에 필요한 대·소도구를 화물로 운송해야 하는 경우, 해상운송·항공운송·위탁수하물 등의 방법을 선택할 수 있다.

대규모의 화물을 컨테이너로 운송하는 경우 해상화물을 이용하게 되는데, 거리에 따라 시간이 많이 소요된다. 유럽과 한국 간 이동을 예로 들면, 한 번 이동할 때 최소 한 달 반에서 두 달 정도의 기간이 소요된다고 보는 것이 좋다.

항공화물은 해상화물보다 빠른 기간에 운송이 가능하지만, 비용이 더 비싸다는 단점이 있다. 해외공연 직후 다른 곳에서 공연해야 할 경우에는 화물 운송 일정을 단축할 수 있어서 유리하다. 단 규모가 큰 화물의 경우 항공화물로 운송하는 것 자체가 불가능할 수 있으므로 사전에 운송사와 확인하는 것이 필요하다.

해상운송 및 항공운송 등으로 화물을 운송할 경우에는 까르네(ATA Carnet) 서류를 작성해야 하는데, 이는 해당 화물이 수·출입을 목적으로 한 것이 아니며 일시적으로 반입했다가 사용 직후 반출한다는 것을 증명하는 서류이다. 직접 신고 후 서류를 발급 받을 수도 있지만, 운송 업체를 통해 서류를 대행하는 것이 일반적이다. 까르네 서류에는 주소지와 수령자, 운송의 목적과 세부 운송품의 항목 등을 명기하게 된다.

대부분의 경우, 화물을 도어-투-도어(Door-to-door) 조건[4]으로 진행하기 때문에, 공연장소로 직접 운송하게 된다. 화물을 수령할 때는 직접 화물의 목록과 상태를 확인하여 운송 중 파손이나 분실이 없었는지 확인한다. 계획에 따라 필요할 경우 사전에 현지의 인력 및 장비 지원을 요청하여 화물을 함께 하차해야 한다. 해당 화물편이 이동하는 시기의 운송료와 여정에 따라 비용의 차이가 발생한다. 운수 및 출입 항만의 기후 여건에 따라 운송 일정이 변경되는 경우도 빈번하기 때문에 일정을 수립할 때는 최대한 보수적으로 계획하는 것이 좋다.

화물을 직접 운송하여 가지고 가는 것보다 현지에서 전체 세트를 제작하거나 부분적으로 조달하는 것도 유용한 방법 중의 하나로, 운송비용보다 더 저렴하게 진행할 수 있는 방법이기도 하다. 제작 방식이나 규모에 따라 현지에서 공연 셋업 일정 전에 별도의 제작 기간을 두거나 시방서 전달만으로 제작이 어려울 경우에 제작감독이 다른 투어 인원들보다 먼저 현지에 도착하여 세트의 제작을 직접 감독할 수도 있다.

앞서 언급했듯이 화물의 규모가 크지 않을 경우에는 초과수하물의 형태로 짐을 가지고 이동하기도 하는데, 항공사마다 지정된 초과수하물 규정과 비용이 다르므로 이를 고려하여 항공편 예약 단계에서 함께 계획을 수립해야 한다. 국내에서 공연할 때처럼 짐을 운송할 수 있는 것이 아니기에 화물을 어떻게 분류하여 포장할 것인지, 각각의 무게와 규격을 체크하며 비용을 최소화할 수 있는 방법을 찾게 된다.

---

4) 컨테이너에 의한 복합 운송으로 송하인의 작업장이나 창고에서 수하인의 창고까지 복합 운송이 일관하여 운송하는 방식을 말한다.

4) 셋업, 리허설

공연의 셋업이 시작되면 기술협의서에 근거한 사항들이 계획대로 진행되는지를 수시로 점검하는 것이 필요하다. 공연장소에서 허락된 리허설 시간 이외에 추가 연습이 필요한 경우에는 별도의 연습실 등을 확보해 두어야 한다. 현지에서 추가 제작이 있는 경우도 마찬가지로 창·제작 공간을 확보하고, 일정에 여유를 두는 것이 중요하다. 주최 측과 예술단체 모두 작업 외에 요청되지 않았던 것들을 무리하게 추가하지 않도록 해야 한다.

셋업이 복잡하고 오랜 시간이 소요되는 경우 기술 통역을 배치하는 것이 필요하며, 무대와 공간의 잠금장치 및 안전관리 방식을 확인하고, 스탭들의 근무 환경과 안전 등을 점검하는 것도 필수적이다. 리허설은 공연 당일 혹은 전일에 진행하는 것이 일반적이며 별도의 프레스 리허설 등을 진행하는 경우도 있다. 테크니컬 리허설과 드레스 리허설을 분리하여 진행할 수 있으며, 리허설 이후 공연의 프리셋까지 충분한 시간 확보가 필요하다.

5) 공연

공연의 개막 전, 보도자료 등을 배포하고 언론사 및 관계자들을 초청한 경우, 공연 당일 별도의 안내와 프레스 대상 행사를 기획할 수 있다. 현지 인사들을 초대할 때는 기존의 네트워크를 활용하여 주요 관계자들을 초청하거나, 극장이나 축제 등 유관 기관을 대상으로 초대권을 배포할 수 있다. 극장이나 축제에서 티켓을 유료로 판매하는 경우, 공연단체 측에 초대권을 일부 제공하는 것이 일반적이며, 이에 대한 세부사항은 계약 시 사전 협의를 통해 확정된다.

극장이나 축제에서 별도의 보도자료 배포나 프레스 팩을 제작하지 않을 경우 공연단체에서 이를 직접 진행할 수 있으며, 이때 주최자 및 후원처 명기 등 세부 내용에 대해 극장이나 축제 등과 사전 협의를 하는 것이 좋다. 장기간 진행되는 공연의 경우 프레스 리뷰가 티켓 세일즈에 미치는 영향이 크기 때문에 현지의 프레스를 잘 알고 있는 전문가와 함께 일하는 것이 효과적이기도 하다.

공연 진행 중에는 사진과 영상 등으로 이를 기록하여 향후 프로모션 자료로 활용할 수 있으며, 이 경우 촬영물의 사용권을 미리 확인하는 것이 필요하다. 극장이나 축제에서 별도의 촬영 계획이 없는 경우 공연단체에서 현지의 사진가를 고용하여 촬영을 의뢰할 수 있으나, 공연장소의 내부 규정에 따라 공연 중 촬영 가능 여부를 사전 확인해야 한다.

공연과 더불어 워크숍, 강연, 관객과의 대화처럼 공연 직후 진행되는 토크 프로그램은 공연 작품과 예술단체의 철학과 맥락을 다양한 대중 및 종사자들과 공유할 수 있는 기회가 되기도 한다.

6) 철수

공연 종료 후에는 대부분 공연 당일에 철수를 진행하게 되는데, 무대의 규모 및 공연장 사용 가능 시간에 따라 공연 다음 날 철수하는 것이 필요할 경우 화물 상차 및 출국 일정에 여유를 두어야 한다. 장비들 가운데 소모품의 폐기가 필요할 경우, 이 역시 사전에 기술협의서를 통해 주최 측에 안내가 되어야 하며, 폐기물 처리 방식과 처리 책임이 누구에게 있는지 등도 확인을 해야 한다.

공연 화물이 공연 종료 후 타 도시로 이동하는 경우, 바로 운송을 시작하지 않고 공연장소에 며칠 더 보관한다면 보관에 대한 사전 협의, 보관 장소 확인 및 화물 상차 책임자 확인 등을 하는 것이 필요하다. 공연의 화물이 자국으로 바로 돌아오는 경우에는 화물을 상차하는 것까지 직접 확인하는 것이 좋다.

귀국 전 현지에서 정산을 완료해야 할 것들이 있다면 미리 챙기는 것이 필요하다. 항공편의 변동사항이 있는지를 미리 점검하고, 공항까지의 환송 차량 계획 및 수화물 등을 점검한다. 공연장이나 축제 등에 반납해야 할 물품이 있다면 사전에 반납하고, 숙소 체크아웃 등 시간적 여유를 두고 공항으로 출발하는 것이 좋다.

3-3. 포스트 프로덕션

1) 정산, 결과보고

기금 및 후원금 등의 별도 재원이 있을 경우 정산이 필요하다. 각 과정에서 정산에 필요한 자료들을 미리 정리해 두는 것이 편리하며 환율에 따라 지출액이 다소 변동될 수 있으므로, 해당 사안을 미리 고려하여 사전 협의를 해 두거나 예산을 수립할 때 환율 기준을 보수적으로 책정하는 것이 좋다.

공연을 마친 이후에는 예술단체 측에서 주최 측에 공연료 인보이스(청구서)를 보내게 되는데, 인보이스에는 해당 청구 금액이 세금을 포함하고 있는지의 여부, 지급 시기는 언제인지, 금액의 지급 주체와 수령 주체는 누구인지 확인할 수 있는 내용이 포함되어야 한다. 해외에 공연료, 제작비 등을 송금할 경우에는 각 국가 간 조세조약을 통해 과세 및 비과세 조건과 해당 여부를 확인해야 한다.

2) 화물 반입

운송 방식에 따라 화물이 자국으로 돌아오게 되면 이를 수령하여 내용물의 하자 여부를 확인하는 것이 필요하다. 해당 확인 절차가 완료된 후, 지급의 의무를 지닌 주체가 운송료를 운송업체에 지급한다. 운송료 지급은 규모나 방식에 따라 선금을 요구할 수 있으며, 해당사항은 사전 협의를 통해 운송 협약을 체결하여 확정한다.

3) 사후관리

리뷰 및 보도기사 등이 있을 경우 이를 활용하여 사후 홍보를 진행한다. 사진 및 영상 자료를 포함한 투어 실적을 반영한 포트폴리오와 해당 공연 종료 후 새로이 알게 된 권역, 담당자 등의 연락망 등을 업데이트 하는 것이 필요하다. 현지의 관심사와 동향 이해를 바탕으로 지속적인 연결을 유지하는 것이 중요하다. 고

마웠던 동료들에게 감사의 이메일을 보내는 것도 잊지 말자. 해당 프로덕션의 종료가 또 다른 프로덕션으로 이어질 수 있도록 하는 중요한 단계이다.

> **Tip 당황하지 않고 플랜 B를 찾기**
>
> 국제교류 프로덕션은 철저한 준비와 사전 점검이 실제 프로덕션의 성패를 좌우한다. 다만 계획에 어긋나더라도 서로 다른 문화를 이해하고 유동적으로 대응하는 것이 필요하다. 꼼꼼하게 준비하지만 유연하게 대처하는, 당황하지 않고 플랜 B를 찾는 것이다. 예기치 못한 변화가 있더라도 당황하지 않으려면 서로의 신뢰 역시 필수적이다. 공동의 목표를 설정하고, 이를 함께 수행해 나가는 데는 여러 당사자들의 협력이 중요하다.

국제교류의
새로운 담론

4. 국제교류의 새로운 담론

공연예술 국제교류 행사에 참여하게 되면 다양한 주제가 포럼과 세미나의 형식으로 다루어지는데, 이러한 주제들이 문화정책과 예술생태계의 흐름에 영향을 미치고 있음을 어렵지 않게 확인할 수 있다. 빠르게 변화하는 담론과 가치들을 살피고 어떠한 태도로 국제교류를 할 것인지 함께 살펴보자.

4-1. 새로운 모빌리티

팬데믹과 기후변화에 대한 위기의식 등 사회의 변화는 공연예술 국제교류의 새로운 담론에도 영향을 미치며, 이에 관한 다양한 연구들이 활발해졌다. 이러한 연구 프로젝트 중 예술경영지원센터의 '넥스트 모빌리티'는 팬데믹 이후 공연예술의 국제교류와 이동이 어떠한 경향을 보이는지 연구하며 국제교류의 새로운 방법론을 탐색하는 리서치 프로젝트다. 본 연구는 팬데믹 이후 작품의 창작과 유통 전반에 영향을 미치고 있는 디지털화, 온라인과 오프라인이 결합된 형태의 하이브리드 교류, 공연 고유의 개념을 중심으로 교류하는 컨셉 투어링, 환경적 지속가능성을 고려한 그린 모빌리티 등 최근의 국제교류의 경향을 토대로 이동성의 새로운 양상 등 새로운 모빌리티 개념을 탐색했고, 나아가 이어진 리서치와 작품 개발에서는 이러한 접근을 통해 국제 이동성의 이유와 목적을 새로이 살피며, 새로운 방식의 작품 창작과 유통 가능성을 매개했다.

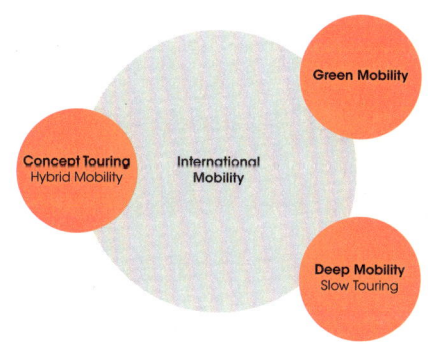

국제교류의 새로운 모빌리티 개념[1]

---

1) '넥스트 모빌리티 리서치 아카이브', 2021, 예술경영지원센터, 최석규 외

1) 그린 모빌리티(Green Mobility)

환경적 지속가능성을 고려하여 공연과 투어로 인해 발생하는 탄소배출량을 줄이고 친환경적인 제작을 추구하는 방법을 의미한다. 친환경적인 교통수단의 활용, 해외공연 시 일회성의 공연만 하는 것이 아니라 인접 도시와 국가에서의 연이은 공연을 유치하는 접근, 온라인 및 디지털 도구를 사용하여 물리적으로 만나지 않아도 참여할 수 있는 방법을 확정하는 것 등이 해당될 수 있다.

2) 슬로우 투어링(Slow Touring)

효과적으로 빠르게 움직일 수 있는 비행기를 타기보다는 속도가 느리더라도 탄소 배출을 적게 하는 기차를 타기로 결정하는 것으로부터 시작한 개념이다. 나아가 일회적인 공연을 수행하는 것이 아니라 연달아 해당 권역에서 타 공연을 이어 가거나, 투어를 위해 방문한 도시와 지역에 느린 호흡으로 머무르며 깊은 문화적 경험과 상호작용을 추구하는 투어 방식을 의미한다. 프로젝트에 참여하는 이들이 특정 지역이나 도시의 문화와 예술을 경험하고 이해하기 위해 보다 긴 시간을 할애하며, 현지 예술가와의 만남, 작품 관람, 장소 답사, 문화예술 행사 참여 등을 통해 보다 깊은 문화적 경험을 쌓을 수 있도록 돕는 것 역시 이에 해당할 수 있다.

3) 딥 모빌리티(Deep Mobility)

공연예술에서의 창작과 관객 경험을 넓히는 교류를 말한다. 여기서 모빌리티(이동성, Mobility)는 공연을 창작, 수행하기 위한 예술가의 이동 및 공연을 관람하기 위한 관객의 이동을 의미하는 것이다. 딥 모빌리티는 예술가와 관객의 경험의 폭을 훨씬 더 넓은 관점에서 이해하고 확장하고자 하는 전략적 접근을 말한다. 지역과 사회적 맥락을 토대로 공연예술의 창작과 구현 과정을 보다 풍성하게 하며, 상호작용·공동창작 등을 통해 보다 깊이 있는 예술적 관여와 경험을 할 수 있도록 돕는 개념이다. 지역과 사회에 대한 이해를 토대로 공동체적인 경험을 하거나, 이를 통해 예술의 역할과 가치를 다시금 발견하며, 예술의 다양성을 확장하는 데 기여할 수 있다.

4) 콘셉트 투어링(Concept Touring)

예술가가 직접 물리적인 투어를 하지 않거나 이를 최소화하며 작품의 아이디어를 디지털·온라인화 또는 현지화하여 적용할 수 있는 방식으로, 국제적인 협업과 창작을 진행하는 것을 설명하는 용어이다. 지난 2021년, 런던국제연극축제(London International Festival of Theatre, LIFT)에서 처음으로 사용하기 시작했다. 팬데믹으로 인한 예술의 이동성 제약이 이러한 시도를 가속화했다면 장기적으로는 친환경적이고 지속가능한 국제 협업과 투어를 위해 새로운 연결 고리를 만들 수 있는 전략이 될 것이다. 콘셉트 투어링의 개념을 적용한다면 공연의 투어 방식을 1)전체 프로덕션 스케일의 공연 투어, 2)공연의 일부를 현지화하는 방식으로 투어, 3)공연의 핵심 아이디어만 이동하고 이외의 부분들을 현지에서 다시 제작하는 방식의 투어 등으로 분류할 수 있겠다. 콘셉트 투어링을 실행할 경우 작품의 고유성을 어떻게 이어 갈 것인지를 고민하며 작품의 현지화 창·제작을 위한 매뉴얼을 만들게 되기도 한다.[2] 현지의 스태프 및 창작진들과 원작의 창작진들이 어떻게 소통하고 신뢰를 쌓아 갈 것인지, 역할과 책임, 권한의 범위 및 창·제작에 대한 예술적 기여도를 어떻게 인정하고 존중할 것인지가 주요한 화두로 대두되기도 했다.[3]

4-2. 포용성, 다양성, 형평성, 접근성

포용성, 다양성, 형평성, 접근성(Inclusion, Diversity, Equality, and Accessibility, IDEA)은 창작부터 유통에 이르기까지의 모든 단계에서 다양한 배경, 경험, 신념을 존중하고 허용하며 포용하는 태도이자 실천을 의미한다. 예술계의 국제적 교류와 연대가 다양성, 포용성, 형평성의 가치를 지향하는지 살피는 것은 더욱 중요해지고 있다.

---

[2] 제롬 벨, 2020년 <갈라>의 한국 버전 공연을 준비하며 제작 매뉴얼을 통해 오디션과 리허설, 공연 방법론을 기술하였다. 한국 협력 안무가의 선정을 거쳐 온라인으로 리허설이 진행되었다.

[3] '작품의 콘셉트와 아이디어와 더불어, 철학과 정신은 어떻게 이동될 수 있는가?_제롬 벨 <갈라> 국제 공동제작 사례를 중심으로', 2021, 더아프로, 최석규

국제공연예술네트워크회의(IETM)는 조직의 미션을 설명하며 아래와 같이 설명한다.

"우리는 네트워크를 보다 다양하게, 활동을 보다 포괄적이고 접근 가능하게 만드는 것을 목표로 하며 모든 배경(인종, 성별, 성적 지향, 종교 신념, 신체능력, 사회적 상태, 언어, 근로 및 고용 상태, 나이, 경력 경로 및 지리적 위치)의 공연예술 전문가들에게 다가가고자 합니다. 우리는 이를 위해 포용, 다양성, 평등 및 접근성 원칙을 모든 활동에 교차적으로 적용함으로써 원하는 결과를 이루어 내고 있습니다.

우리는 동시대의 공연예술이 예술을 통해 사회의 모습을 보여 주는 역할을 할 수 있으며, 또 그렇게 해야 한다고 믿습니다. 그러나 우리는 우리의 분야가 다른 분야와 마찬가지로 여러 그룹이 자신의 경력의 다양한 단계에서 더 많은 어려움을 겪어야 하는 사회적 불평등을 여전히 반영하고 있다고 인정합니다. 우리는 우리의 활동을 보다 포괄적이고 접근 가능하게 만들기 위한 여정을 시작했습니다. 조직을 개선하고, 성공과 동시에 도전을 공유함으로써 우리는 예술 분야에서 긍정적인 변화를 격려하고, 장기적으로는 사회 전반에 영향을 미칠 것으로 기대하고 있습니다."[4]

국제적으로 활동하는 많은 축제와 극장, 예술단체들은 포용성, 다양성, 형평성, 접근성을 핵심 가치로 제시하며 실천을 위한 행동강령을 마련하고 있는데, 이는 국제교류에 있어서도 유의미한 시사점을 남긴다.

다양성은 국가, 문화, 인종, 성별, 세대, 종교, 사회, 경제적 배경 등 다양한 측면에서 창작의 과정과 결과의 다양성을 추구하는 것으로, 예술의 창조적인 힘을 증진하며 새로운 시각과 아이디어를 탐험하는 기회를 제공한다. 프로그래밍의 다양성은 공연을 기획하고 운영할 때 다양한 장르, 예술 형식, 예술가들을 포함하도록 노력함으로써 예술계에 다채로운 예술 경험이 제공되도록 돕는다.

---

4) 국제적인 네트워크로서 다양한 국가의 구성원들이 회원으로 참여하고 있으며, 공동의 논의 구조를 통해 의사결정을 해 나가는 조직이라는 이점이 있음에도 불구하고 여전히 동시대 공연예술의 일부만을 대표할 수 있으며, 포용성·다양성·형평성·접근성에 대한 전략이 모두에게 유효하지 않다는 사실을 인정하며, IETM은 조직 내부의 전략적 혁신이 나아가 국제적 공연예술계에도 의미 있는 변화를 만들어 내기를 바라고 있다.

포용성은 공연예술에 다양한 이들이 참여할 수 있는 환경을 조성하는 것을 의미한다. 장애인, 성소수자, 언어적 장벽이 있는 이들을 위한 접근성을 고려하고 참여의 기회를 확대하는 것은 포용성의 첫 시작이다. 나아가 다양한 관객층을 고려하여 예술의 진입 장벽을 낮추는 것 역시 포용성을 추구하는 접근에 해당할 수 있다.

형평성은 예술 분야에서의 기회가 모든 예술가와 참여자들에게 공평하게 제공되어야 한다는 것으로 해석할 수 있다. 교육과 성장의 기회, 창작과 참여의 기회, 예술을 관람하고 향유할 수 있는 기회의 평등으로 이해할 수 있겠다.

공연예술의 국제교류는 개인, 공동체, 도시, 국가, 권역 간의 상호 연결성을 기반으로 무한한 가능성을 지니고 있다. 이는 국제교류의 목적을 설명했던 이 책의 첫 단락과도 연결된다. 문화와 예술이 국경을 넘어 상호작용하고 교류함으로써 동시대의 어젠다를 드러내고, 지역·문화·언어·역사적 차이를 넘어 연결되며, 다양성을 존중하고 가치를 공유하는 것이 국제교류의 의미라는 점을 다시금 살펴보게 된다. 이러한 가치들을 체화하며 국제교류를 지속해 나가기 위해서는 무엇보다도 동시대와 사회를 바라보는 시선을 넓히는 것이 필요하다. 누구와-어떻게-왜 일할 것인지를 선택하는 것은 각자의 몫이다.

부록 1. 계약서 예시(영문, 국문)

(영문)

PERFORMANCE AGREEMENT

-

BETWEEN THE UNDERSIGNED

Name of entity:

Address:

Representative:

Business registration number (if applicable/VAT):

Hereinafter referred to as "ORGANISER"

AND

-

Name of entity:

Address:

Representative:

Business registration number (if applicable/VAT):

Hereinafter referred to as the "COMPANY"

PREAMBLE

1. The ORGANISER assigns the COMPANY to perform (Title of the show).

Hereinafter referred to as the PRODUCTION for which the COMPANY assumes artistic responsibility.

2. The PRODUCTION shall be presented as a part of the program of (Title of the festival) be held in (City, Location), in (Dates, Month, Year)

3. The ORGANISER declares to have the (Name of the venue) for the production at its disposal, which meets the aesthetical and technical requirements of the PRODUCTION.

4. When a party is unable to respect its obligations and is of the opinion that this is due to the negligence of another party it shall inform the other party of this simultaneously and in writing. When the involved party fails to do so it shall be deemed capable of respecting its obligations.

THE FOLLOWING HAS BEEN AGREED
Article 1 - Object

1.1 The COMPANY commits itself to perform a performance, according to the stipulations, as defined in this contract.

1.2 The PRODUCTION shall be performed on the following outline and schedule. The dates, venue, and schedule for the performances can be changed after the agreement of both parties.

a) Title of Performance:
b) Number of Performance: Total ___ shows of Performance (___ times per day)

c) Venue:

c) Tour Members: Total ___ persons

d) Tour Schedule

DATE/MONTH	Arrival
DATE/MONTH	Venue Visit, Technical Meeting and Set Up
DATE/MONTH	Set Up and Rehearsal
DATE/MONTH	Performances
DATE/MONTH	Performances, Strike
DATE/MONTH	Departures

Above schedule can be changed only with mutual agreement beforehand between the ORGANISER and the COMPANY.

1.3 All these annexes and the later added technical and procedural-organisational stipulations constitute an integral part of this contract and are binding for both parties.

Article 2 – Financial terms and conditions

2.1 ORGANISER will cover the following expenses:

a) <u>Performance Fee</u>

ORGANISER shall pay the performance fee _____**Euros** (Net of Tax) to COMPANY through wire transfer according to the submitted invoice. This amount shall include the followings;

- Artistic Fee (including performance, rehearsal, and workshop)
- Wages for all related member of COMPANY
- Royalty fees incurred by COMPANY for the Performance
- Freight Transportation Cost from COMPANY's origin country to (Country)

- ATA Carnet charge for the cargo of COMPANY
- Domestic transportation costs for COMPANY in its origin country
- Visa fees for the members of COMPANY

ORGANISER shall make the Full amount of performance fee to the bank account stipulated below via wire transfer within fourteen(14) business days after the performance is completed. ORGANISER shall be in charge of remittance charge occurring from the international money transfer, while COMPANY shall be responsible for the receiving charge occurring from COMPANY's bank.

- Account Number:
- Name of the Bank:
- Address of Bank:
- Name of the Account Holder:
- Address of Account Holder:
- Swift Code:
- IBAN Code (if available):

b) <u>Transportation</u>

　　　ORGANISER shall offer the flight tickets and domestic vehicles for COMPANY's travel as follows.

International trip from (City), (Country) to (City), (Country) for round trip flights in economy class for 13 persons of touring members

- Domestic travel for the touring members by bus between the airport and hotel.

-

c) <u>Accommodation</u>

ORGANISER shall bear the costs and organise the accommodation for the touring members as follows. Under no circumstances shall The ORGANISER accept responsibility for any additional hotel charges. ORGANISER shall furnish the rooms including service charges and taxes for COMPANY during the stay in the City. Telephone bills, laundry, mini bar and any additional charges incurred by COMPANY shall be in charge of COMPANY.

Type of Room	Day [ ]	Day [ ]	Day [ ]	Day [ ]	Day [ ]	Day [ ]
Twin Bed Room	___ea	___ea	___ea	___ea	___ea	Check out
Single Bed Room	___ea	___ea	___ea	___ea	___ea	Check out

d) Perdiem

ORGANISER shall provide per diem 00,000 Euros Won for one person a day for the staying of COMPANY in the city. Arrival and departure day will be counted as a half day each. Per diem shall include all the costs for meals and other expenses and be presented to COMPANY in cash on the arrival date by the calculation below.

Perdiem	Number of Touring Member	Length of Stay	Total
_____ Euros	___ Persons	___ days	000,000 Euros

Article 3 – Rights and obligations of the parties

3.1 VISA

ORGANISER shall be responsible for all necessary visa arrangements for the festival and provide the required documents and invitation letter to COMPANY for supporting and facilitating the visa application process. COMPANY shall be responsible for obtaining the necessary visa for the entry to the (country) at its own expense.

3.2 Personal Information of Touring Members
COMPANY shall be responsible for providing all the personal information and the passport copies of all touring members required for the VISA process. COMPANY shall make prior notice to ORGANISER concerning any change in personal information in connection with the festival. Required information is as follows:

Full Name	Role in the group	Passport Number	Date of Birth (DD/MM/YY)	Nationality	Gender

3.3 The COMPANY commits to presenting the PRODUCTION and assures the ORGANISER that the PRODUCTION shall be ready before the final rehearsal in the venue. The COMPANY shall be fully responsible for the financial and administrative management and the artistic and technical content of the PRODUCTION except for the delaying of freight delivery not from the COMPANY's own responsibility.

3.4 As the executive producer of the PRODUCTION, during and after the performance of the Production, the COMPANY shall assume full and complete liability in connection with the performance of the Production. The COMPANY shall comply with all laws and regulations in the country of the COMPANY regarding insurance requirements to minimise any liabilities that may arise in connection with the performance of the Production.

3.5 For complying with (country) laws and regulations, ORGANISER may adjust the plan of the PRODUCTION. However, for this, ORGANISER and the COMPANY should discuss for the best conclusion.

3.6 The ORGANISER's financial liability is limited to its contribution as defined in Article 2 herein. Each party is liable for its share only. Under no circumstances shall the parties be considered jointly and severally liable.

3.7 The responsibility and liability of the ORGANISER is limited up to the last performance of the PRODUCTION in venue.

3.8 This agreement cannot be considered as the constitution of any legal form of company, association or partnership binding the parties.

Article 4 – Technical requirements

4.1 Until the conclusion of this contract, the COMPANY should finalise the stage plan and the technical rider should be attached on Annexe of this contract. ORGANISER shall make available to the COMPANY the material such as props, elements of the stage set or instruments, external service for project, hiring staff only in so far as specified in the technical rider.

4.2 ORGANISER does not guarantee that technical rider shall be met if introduced less than conclusion of the contract.

4.3 The presentation of the PRODUCTION will happen according to the (country) legislation and the internal rules of the ORGANISER (f.i. emergency exits and lighting, fire prevention, etc⋯). Information on such regulations shall be provided by the ORGANISER to the COMPANY.

4.4 ORGANISER shall take all reasonable measures to ensure that the COMPANY has normal access to the rehearsal and performance premises.

4.5 ORGANISER is responsible for the installation of the location according to the (country) legislation to ensure the PRODUCTION can be presented to the audience in the best possible circumstance.

4.6 ORGANISER shall make dressing rooms available to the COMPANY which are sufficiently spacious, well equipped and can be locked. Toilets with hot and cold water are in the immediate proximity of the dressing rooms.

Article 5 – Transportation for equipment

5.1 ORGANISER shall be responsible for the cost of the airfreight for Equipment of PRODUCTION based on the terms of this contract. The freight shall consist of materials in relation to the PRODUCTION, and other items without prior confirmation shall be in charge of COMPANY's own expense.

5.2 Freight transportation shall be door to door including any customs fees under ATA carnet.

5.3 COMPANY shall provide the information of packing list and its usages in advance. COMPANY shall deliver the freights on the date scheduled by ORGANISER .

5.4 ORGANISER will be responsible for receiving the freight in venue and returning the material on an agreed date.

5.5 ORGANISER shall not bear the cost of any additional freight charges incurred by negligence of COMPANY.

Article 6 – Promotion / Information

6.1 ORGANISER shall handle the promotion of the PRODUCTION as part of general advertising of the Festival Program and shall use the information of the PRODUCTION provided by the COMPANY. The ORGANISER and the COMPANY shall agree upon the material contents, layout and design before its official release.

6.2 In the event the ORGANISER requests for other materials relating to the PRODUCTION, including but not limited to concept of PRODUCTION, biographical information, excerpts of existing press releases, videos of previous performances, that may be necessary for the promotion of the PRODUCTION, the Season Program or the Asian Culture Center Theatre, the COMPANY shall promptly provide such materials to the ORGANISER . Upon the request of the ORGANISER, the COMPANY shall cooperate with and participate in interviews, workshops regarding the PRODUCTION. However, the detailed schedule for such events shall be determined by mutual discussion and agreement of the parties.

6.3 COMPANY warrants that the materials to be provided to the ORGANISER shall not infringe upon the intellectual property rights of third parties including copyrights. In case of any infringement occurred by COMPANY, ORGANISER shall not be responsible for its loss.

6.4 The practical conditions, under which photographing, sound recording or filming of the rehearsals or the performances of the PRODUCTION in the venue can be taken, shall be discussed beforehand with the COMPANY. This material may be used for archive or promotion of the Season Program, and for the production of news or documentary programs in the media. If this material is used for news or documentary programmes in the media, it should be decided after mutual discussion between the two parties.

6.5 ORGANISER shall inform the COMPANY of any planned television or radio recordings. Recordings are only permitted subject to the COMPANY's production manager consent.

6.6 The COMPANY shall not be entitled to claim remuneration of any kind for making or using the above-mentioned material for archives and promotion of the Season Program, news programmes or documentary programmes in the media.

Article 7 – Copyrights

7.1 The COMPANY assures ORGANISER that it is vested with all the rights necessary to publicly perform the PRODUCTION. The COMPANY guarantees not to infringe any third-party copyrights and explicitly releases ORGANISER from any liability whatsoever for any eventual claims made against it by third parties in connection with rights for the PRODUCTION.

Article 8 – Employment / taxes

8.1 The COMPANY shall be responsible for the employment of the artistic, technical and administrative personnel accompanying the COMPANY and affirms to have signed legally valid contracts with all those participating.

8.2 The ORGANISER shall in no way be liable for the labour costs, social security contributions, taxes or labour insurance pertaining to said personnel.

8.3 The COMPANY shall be responsible for filing and paying any taxes that may be assessed against it pursuant to the tax laws in its own country with regards to the performance of the Production. The ORGANISER shall be responsible for filing and paying any taxes that may be assessed against it pursuant to the tax laws of the (country) with respect to the performance fees paid to the COMPANY.

8.4 Should the withholding tax amount paid by the ORGANISER in relation to the performance fees paid to the COMPANY be a subject of tax exemption in accordance with a tax treaty agreed between the country of the ORGANISER and the country of the COMPANY, the COMPANY shall submit to the ORGANISER all documents necessary for proof of such tax exemption by no later than seven (7) days prior to the due date for the payment of the performance fees.

Article 9 - Insurance

9.1 ORGANISER will provide casualty insurance for the Company Personnel accompanying the COMPANY for the performance of the Production including members belonging to the COMPANY during the period in which performance rehearsals for the Production are conducted and the performances thereof are held. In the event the ORGANISER is required to obtain a casualty insurance policy pursuant to the parties' agreement, the COMPANY shall provide the ORGANISER with all personal information of the Company Personnel necessary to obtain such insurance policy by no later than thirty (30) days before the opening performance.

9.2 Upon consultation with the COMPANY, the ORGANISER may provide property damage insurance for equipment that have been brought by and are in possession of the COMPANY for the performance of the Production during the period in which performance rehearsals for the Production are conducted and the performances thereof are held.

In the event the ORGANISER is required to obtain a property damage insurance policy pursuant to the parties' agreement, the COMPANY shall provide the ORGANISER with all documentation necessary for obtaining such insurance policy by no later than thirty (30) days before the opening performance.

9.3 The COMPANY and the persons under its authority shall use the venues and the equipment made available to them with reasonable care and the COMPANY shall be liable for any damage done to those venues and equipment as a result of the negligence or willful misconduct of the COMPANY or the persons under its authority.

Article 10 - Exclusivity

10.1 The COMPANY agrees not to undertake another promoted show in the_____ Region less than 6 weeks prior to the FESTIVAL or 6 weeks after, without written agreement. Any announcements for shows after the (the date of the show) must wait until after the festival.

Article 11 - Cancellation

11.1 The parties may terminate this contract upon mutual agreement.

11.2 Either party may terminate this contract by providing written notice to the other party if the other party fails to correct any breach of its obligations under this Agreement, in whole or in part, within fourteen (14) days after receiving a written request for correction from the non-breaching party. However, either party may immediately terminate this

Agreement by providing written notice to the other party if any of the following events occur:

(a) where it is unfeasible to perform the obligations under this Agreement or to correct any
violations of law;

(b) where it is determined that it will be difficult or impossible for the other party to continue normal operations due to insolvency of the other party or the other party's application for a workout program, bankruptcy or reorganisation proceedings; or

(c) where a clear and objective reason arises which does not allow the other party to continue to perform its obligations under this Agreement.

11.3 Should the COMPANY not present the PRODUCTION in such a manner as defined in this contract, the COMPANY shall be considered in breach of the contract and any performance fees and expenses paid by the ORGANISER can be reclaimed. The ORGANISER shall be entitled to compensation corresponding to the costs already incurred for the performance in the venue, upon presentation of a detailed account with all supporting receipts.

11.4 Should the performances be cancelled for reasons of "force majeure", none of the parties to this agreement shall be entitled to compensation.

11.5 In case of illness or other insuperable obstacles encountered by a member of the COMPANY's artistic ensemble, the COMPANY, in consultation with the ORGANISER, shall do everything it can to replace this member or to adapt the performance.

Article 12 – General terms

12.1 The rights and obligations of the parties under this agreement, except for Article 10, cannot be transferred to another party without prior written agreement of all parties signing this agreement.

12.2 In this agreement, "force majeure" shall be that defined by (country) law. For the purposes of this agreement "force majeure" shall mean any circumstance beyond the reasonable control of the party affected thereby, which party shall not be considered in breach of contract or under any liability whatsoever.

12.3 Without prejudice to the generality of the foregoing and without limitation, the following shall be regarded as such circumstances: (i) acts of God, explosion, flood, lightning, tempest, fire or accident; (ii) war, hostilities (whether war be declared or not), invasion, act of foreign enemies; (iii) rebellion, revolution, insurrection, military or usurped power or civil war; (iv) riot, civil commotion or disorder; (v) acts, restrictions, regulations, bylaws, refusals to grant any licences or permissions, prohibitions or measures of any kind on the part of any governmental authority; (vi) import or export regulations or embargoes; (vii) strikes, lockouts or other industrial actions or trade disputes of whatever nature.

12.4 In case of outdoor performance, rain shall not be regarded as a force majeure, but both parties shall cordially discuss with each other either to find alternative venues or to arrange the postponement of the performance time ahead of deciding the cancellation.

Article 13 – Jurisdiction

In the event of a dispute with regard to the interpretation or the execution of this Agreement, the parties commit themselves to try to find a settlement. If this fails, the laws of the (Country) shall apply exclusively and such dispute shall be brought before the sole and exclusive jurisdiction of the (City) District Court.

Thus agreed, on (Date, Month, Year), all parties having initialled every page of this Agreement, and acknowledging that they have received an original of this Agreement. This Agreement is agreed to be valid from the day of its execution until the last day of the performance in the venue.

ORGANISER	COMPANY
Read and approved by	Read and approved by
_signature_____	_signature_____
Name of Representative	Name of Representative
Name of Organisation	Name of Organisation

(국문)

공연계약서

기관명:
주소:
대표자:
등록번호:

 이하 '주최 측'이라 칭함.

및

계약 상대:
주소:
대표자:
등록번호:

이하 '공연단체'라 칭함.

<u>서문</u>

1. '주최 측'은 공연을 위해 '공연단체'를 선임하고, <공연명>을 공연한다. 이하 '공연단체'가 진행하는 예술적 책임을 갖는 행위를 '프로덕션'이라 한다.

2. '프로덕션'은 2017년 ㅇㅇ국가 ㅇㅇ도시에서 개최되는 '페스티벌명'의 일환으로 진행된다.

3. '주최 측'은 재량하에 '프로덕션'의 미적, 기술적 요구사항을 충족시키는 (공연장명)을 갖

추고 있음을 확인한다.

4. 계약자가 자신의 의무를 다하지 못한다고 판단되거나 상대방이 계약 이행에 실패했다고 간주되는 경우, 계약 상대자에게 의사를 전달해야 하며 동시에 서면 통보를 이행해야 한다. 계약자가 그렇게 하지 않는다면, 계약을 성실하게 이행한 것으로 간주한다.

아래의 내용에 동의함.

제1조 - 목적

1.1 '공연단체'는 본 계약서에 정의된 각 조항에 따라 프로덕션을 성실히 이행한다.

1.2 '프로덕션'은 다음의 계획과 일정하에 공연된다. 세부 일정은 상호 계약 당사자 간의 협의를 통해 변경될 수 있다. 변경된 사항은 본 계약서의 부록으로 첨부한다.

a) 공연명:
b) 공연 횟수:
c) 공연장:
d) 투어 인원:
e) 투어 일정:

일자/월 도착

일자/월 극장 답사, 기술회의, 셋업

일자/월 셋업, 리허설

일자/월 공연

일자/월 공연, 철수

일자/월 출발

상기 일정은 '주최 측'과 '공연단체' 간 사전 협의를 거칠 경우에만 변경될 수 있다.

1.3 모든 첨부 문서와 추후에 추가될 절차적, 행정적 조항들은 본 계약의 일부이며 양 계약

당사자에게 적용된다.

제2조 – 재정 관련 조건

2.1 '주최 측'은 다음의 비용을 부담한다.

a) 공연료

'주최 측'은 제출된 청구서에 의거하여   유로(세금 별도)의 공연료를 '공연단체'에 이체한다. 이 금액은 아래의 내용을 포함한다.

- 공연료 (공연, 리허설, 워크숍 포함)
- 배우, 연주자, 스태프 및 매니저 등 단원의 급여
- '공연단체'의 공연으로 인해 발생한 모든 종류의 저작권료
- '공연단체'의 자국에서 (국가명)까지의 화물 운송 비용
- '공연단체' 화물의 ATA 까르네 발급 비용
- '공연단체'의 자국 내 교통 비용
- '공연단체'의 (국가명) 방문에 대한 비자 발급료

'주최 측'은 총 공연료를 '공연단체'의 마지막 공연 이후 14일 이내에 아래에 기입한 '공연단체'의 계좌로 지급한다. '재단'은 송금 수수료를 부담하며, '공연단체'는 '공연단체'의 은행으로부터 발생하는 수취 수수료를 부담한다.

- 계좌번호
- 은행명
- 은행 주소
- 계좌주
- 계좌주 주소
- Swift Code

- IBAN Code

b) 교통비

'주최 측'은 다음과 같이 항공권 및 국내 교통수단을 제공한다.

'공연단체'의 투어 인원 _____명에 대한 <u>국가명</u>, <u>도시명</u>으로부터 <u>국가명</u>, <u>도시명</u>까지의 이코노미 클래스 국제선 왕복 항공권

해당 투어 인원에 대한 국내 이동 교통비, 공항과 숙소 간 교통수단

c) 숙박비

'주최 측'은 다음과 같이 숙소를 마련하고 비용을 부담한다. '주최 측'은 어떠한 경우에도 추가 호텔 비용을 책임지지 않는다. '주최 측'은 숙소의 서비스 요금과 세금을 포함한 숙박비를 부담하며, 전화요금, 세탁비, 미니바 이용요금 등 기타 '공연단체'에 의해 발생한 추가적인 비용은 '공연단체'가 부담한다.

룸 타입	일자	일자	일자	일자	일자	일자
트윈베드룸	____실	____실	____실	____실	____실	퇴실
싱글베드룸	____실	____실	____실	____실	____실	퇴실

d) 일비

'주최 측'은 '공연단체'의 체류와 관련하여 아래에 명기한 것과 같이 1인 당 하루 00,000유로의 일비를 지급한다. 일비는 식사를 위한 비용 및 기타 비용을 포함하여 '공연단체'의 도착일에 현금으로 지급한다.

일비	투어 인원	체류일	총액
____유로	____명	____일	____유로

제3조 – 권리와 의무

3.1 비자
'주최 측'은 '공연단체'의 비자 신청 절차를 돕기 위하여 초청장 및 기타 관련 서류를 제공해 줄 의무가 있다. '공연단체'는 대한민국에 입국하기 위하여 적합한 비자를 발급받을 의무가 있으며, 발급 비용은 '공연단체'가 부담한다.

3.2 공연 단원
'공연단체'는 공연 단원의 비자 발급 절차에 필요한 여권 사본 및 개인 정보를 제공할 의무가 있다. '공연단체'는 축제와 관련하여 단원의 개인정보가 변경되었을 경우 '주최 측'에 미리 이를 알려야 한다. 필요한 정보는 아래와 같다.

이름	역할	여권번호	생년월일	국적	성별

3.3 '공연단체'는 '프로덕션' 진행을 담당하며, 공연장에서 리허설 이전에 준비작업을 완료할 것을 약속한다. '공연단체'는 '프로덕션'의 예술적·기술적인 부분을 담당하며, 이에 따른 제정적·행적적 절차에 책임지며, 이는 공연단의 책임이 아닌 이유로 화물의 운송이 지연되었을 경우를 제외한다.

3.4 '공연단체'는 '프로덕션'에 대해 모든 책임을 지는 총괄제작자(executive producer)로서 '제작작품'의 공연 기간 중, 공연과 관련하여 발생하는 일체의 사실상·법률상 분쟁 또는 사고에 대한 모든 책임을 부담한다.

3.5 '주최 측' 국가의 법과 규정을 준수하기 위해, '주최 측'은 '프로덕션'의 계획을 변경할 수 있다. 이를 위해서, '주최 측'과 '공연단체'는 최선의 결과를 위해 논의해야 한다.

3.6 '주최 측'의 재정적 책임은 본 계약서 제2조에 명시된 내용으로 제한된다. 계약 당사자는 각각의 재정적 책임만 갖는다. 양 계약 당사자는 그 어떤 경우에도 연대 책임을 지는 것으로 간주되지 않는다.

3.7 본 계약에 따른 '프로덕션'의 상연에 대한 '주최 측'의 책임은 공연장에서 이루어지는 '프로덕션'의 최종회까지로 제한된다.

3.8 본 계약은 계약 당사자들을 구속하는 법적 형태의 회사, 조합, 혹은 동업을 설립하는 것으로 해석되지 아니한다.

제4조 – 기술요건

4.1 본 계약서를 완료하기 전에 '공연단체'는 무대배치도를 완성해야 하며, 완성된 무대배치도와 기술명세서는 본 계약서에 첨부되어야 한다. '주최 측'은 '공연단체'가 요구한 소품, 무대장치, 외부 용역, 인력 고용 등을 책임지고 준비한다.

4.2 '주최 측'은 기술명세서 이외의 지원에 책임이 없다.

4.3 '프로덕션'은 '주최 측'의 국내법 및 '주최 측'의 내부규정에 의거하여 진행한다.(비상구, 조명, 소방방재법 등) 이러한 규정은 '주최 측'이 '공연단체'에게 제공한다.

4.4 '주최 측'은 '공연단체'가 리허설 공간 및 공연장을 정상적으로 이용할 수 있도록 적합한 방법을 제공한다.

4.5 '주최 측'은 '주최 측'의 국가의 규정에 따른 설치 과정을 책임지며, '공연단체'가 최상의 가능한 조건을 완성하도록 협조한다.

4.6 '주최 측'은 '공연단체'가 사용할 수 있도록 넉넉한 공간과 좋은 시설, 잠금 장치가 있는 대기실을 제공해야 한다. 냉·온수가 공급되는 화장실이 근처에 있어야 한다.

제5조 – 공연 화물 운송

5.1 '주최 측'은 본 계약에 의거하여 '프로덕션'의 화물에 대한 항공 화물 운송 비용을 부담한다. 화물은 프로덕션과 연관된 것으로 구성되어 있어야 하며, 사전에 동의를 구하지 않은 다른 구성품들은 '공연단체'가 자부담해야 한다.

5.2 화물 운송은 ATA Carnet 서류에 의거한 통관 절차를 포함하여 화물 보관 장소에서 공연장소까지 직접 운송을 원칙으로 한다.

5.3 '공연단체'는 화물 리스트와 용도를 사전에 제공해야 한다. '공연단체'의 화물 운송 일자는 '주최 측'에 의해 조율된 날짜에 따른다.

5.4 '주최 측'은 공연장에서 화물을 수령하고, 합의한 날짜에 화물을 반송할 의무를 지닌다.

5.5 '주최 측'은 '공연단체'의 과실로 인한 추가 화물 비용을 부담할 의무를 지지 않는다.

제6조 – 홍보·정보

6.1 '주최 측'은 '프로덕션'에 대한 홍부를 전체 축제 프로그램에 대한 홍보의 일부로 진행하며, '공연단체'가 제공한 '프로덕션'에 대한 정보를 사용해야 한다. 계약 당사자는 이와 같은 홍보물의 공식적인 배포에 앞서 내용, 구성, 디자인 등에 대해 동의해야 한다.

6.2 '주최 측'이 '공연단체'와 관련된 정보를 요청할 경우, 공연단체는 '프로덕션'의 콘셉트

안 이외의, 단체의 이력, 언론 보도 인용, 이전 공연의 영상자료와 같은 '프로덕션' 및 '시즌 프로그램', '아시아문화전당 예술극장'의 홍보에 필수적일 수 있는 자료를 제공해야 한다. '주최 측'의 요청이 있을 경우, '공연단체'는 '프로덕션'과 관련된 인터뷰와 워크숍에 협력하고 참여해야 한다. 개별 행사에 대한 세부 일정은 상호 협의하에 결정되어야 하며, 계약서에 첨부한다.

6.3 '공연단체'는 '주최 측'에게 '프로덕션' 홍보자료를 제공하는 경우, 그 자료상 저작권 침해 기타 일체의 법률상 문제가 존재하지 않음을 보장한다. '공연단체'의 책임하에 저작권 침해가 발생하였을 경우, '주최 측'은 그로 인한 손실에 대한 책임을 지지 않는다.

6.4 '프로덕션'의 공연 리허설 및 공연에 대한 사진 촬영, 음향 녹음, 영상 촬영 등을 위한 구체적인 조건들은 '공연단체'와 사전 협의를 통해 결정된다. 이 자료들은 협의 후 '시즌프로그램'의 기록용·홍보용으로 사용될 수 있으며, 그 외 언론 매체의 뉴스 또는 다큐멘터리 프로그램에 사용될 수 있다.

6.5 '주최 측'은 모든 TV 또는 라디오 인터뷰 요청에 대해 고지해야 한다. 인터뷰는 '공연단체'의 매니저의 입회 아래 진행되어야만 한다.

6.6 '공연단체'는 '주최 측'이 상기 자료들을 기록물 및 홍보물, 언론 매체의 뉴스 프로그램 또는 다큐멘터리 프로그램 등에 활용하는 것에 대해 '주최 측'에게 일체의 금전적 보상을 요구할 수 없다.

제7조 – 저작권

7.1 '공연단체'는 '프로덕션' 진행에 대한 저작권이 어떻게 귀속되어 있는지 '주최 측'에 알려야 한다. '공연단체'는 '주최 측'이 어떤 제3자의 저작권을 침해하지 않도록 보장해야 한다.

제8조 - 고용·세금

8.1 '공연단체'는 '공연단체'가 제작 및 프로덕션을 위하여 동반하는 예술, 기술 및 행정 인력의 고용과 관련한 모든 책임을 부담하며, 필요인력과 법적으로 유효한 고용계약을 체결한다.

8.2 '주최 측'은 '공연단체'가 고용한 필요 인력에 대하여 임금 지급, 보험 가입 등 고용과 관련된 어떠한 책임도 부담하지 않는다.

8.3 '공연단체'가 '프로덕션'을 공연하는 과정에서 '공연단체' 소속 국가의 세법 등에 따라 발생하는 각종 세금에 대한 신고 및 납부 등 책임은 '공연단체'가 부담한다. '개발 원'이 '공연단체'에 지급하는 공연 사례비에 대해 대한민국 세법에 따라 발생하는 각종 세금에 대한 신고 및 납부 등의 책임은 '주최 측'이 부담한다.

8.4 '공연단체'가 '주최 측'으로부터 지급받은 공연 사례비 등과 관련하여 '주최 측'이 원천징수하는 세금이 대한민국과 '공연단체'의 소속 국가 간에 체결된 조세조약에 따라 면세 대상에 해당하는 경우, '공연단체'는 사실 증빙에 필요한 일체의 서류를 적어도 공연 사례비 지급일의 (7)일 이전에 제출해야 한다.

제9조 - 보험

9.1 '주최 측'은 '공연단체'와 협의하여 '프로덕션' 리허설 및 본 기간 동안 '공연단체' 소속 단원을 포함하여 '공연단체'가 '프로덕션'을 위하여 수반한 필요 인력에 대하여 상해보험을 제공한다. 다만 당사자 간의 협의에 따라 상해보험에 가입하기로 한 경우, '공연단체'는 '프로덕션' 공연일로부터 (30)일 전까지 필요 인력의 인적사항 등 상해보험 가입을 위해 필요한 자료를 '주최 측'에게 제공하여야 한다.

9.2 '주최 측'은 '공연단체'와 협의하여 '프로덕션' 리허설 및 본 공연 기간 동안 '공연단체'

소유의 장비를 포함하여 '공연단체'가 '프로덕션'을 위하여 가져온 장비에 대하여 재물손괴보험을 제공할 수 있다. 다만 당사자 간의 협의에 따라 재물손괴보험에 가입하기로 한 경우 '공연단체'는 '프로덕션' 공연일로부터 (30)일 전까지 재물손괴보험 가입을 위해 필요한 모든 서류를 '주최 측'에게 제공하여야 한다.

9.3 '공연단체'와 '공연단체'의 권한하에 속해 있는 사람은 제공된 공연장과 극장 설비에 대해 선량한 관리자의 주의의무를 다하여 사용해야 하며, 고의 또는 과실로 공연장과 극장 설비를 파손하는 등 손해를 야기하는 경우 '공연단체'는 그에 따른 일체의 손해배상 책임을 부담한다.

제10조 - 배타적 공연권 (독점권)

10.1 '공연단체'는 본 공연을 수행하기 6주 전 및 본 공연을 완수한 뒤 6주 이내에 별도의 서면 합의 없이　　　권역 내에서 공연을 하지 않는다. 본 공연 이후의 해당 권역에서의 공연에 대해서 합의할 경우에는 공연의 마지막 날인　　월　　일 이후 홍보를 시작한다.

제11조 - 계약 해지 및 해제

11.1 본 계약의 당사자들은 쌍방 합의에 의하여 본 계약을 해지 및 해제할 수 있다.

11.2 '주최 측'과 '공연단체'는 일방 당사자가 본 계약상 의무 전부 또는 일부를 이행하지 않을 경우 서면으로 그에 대한 시정 또는 개선을 요구할 수 있고, 귀책 상대방이 시정 또는 개선 요청 통지를 송달받은 날로부터 (14)일 이내에 시정 또는 개선의 조치를 취하지 않으면 상대방은 서면통지로 본 계약을 해제할 수 있다. 다만 다음 각 호의 경우에는 시정 또는 개선 요구 없이 그 즉시 서면통지로 본 계약을 해제할 수 있다.

(a) 본 계약상 의무 및 기타 관계 법령 위반의 내용이 시정 불가능한 경우

(b) 상대방이 지급불능 상태에 있거나, 워크아웃, 파산절차 또는 회생절차 개시 신청을 하는 등 정상적인 운영이 어렵거나 불가능하다고 판단되는 경우

(c) 기타 상대방에게 계약을 유지할 수 없는, 객관적으로 명백한 사유가 발생한 경우

11.3 '공연단체'가 계약서에 명시된 바와 같이 '프로덕션'을 공연하지 못할 경우, '공연단체'가 계약을 위반한 것으로 간주되며, '주최 측'이 지급한 공연료 및 지출 내역에 대해 환급해야 한다. '주최 측'은 공연장에서의 공연과 관련해 기 지출한 비용이 있을 경우, 이를 증명하는 영수증이 첨부된 자세한 청구서를 제시하고 보상받을 권리를 갖는다.

11.4 불가항력적인 상황에 따라 공연이 취소될 경우, 계약 당사자들은 보상받을 권리를 갖지 못한다.

11.5 질병 혹은 대체할 수 없는 장애물로 인해 '공연단체'의 일원이 공연에 참여할 수 없는 경우, '공연단체'는 '주최 측'과 협의하여, 새로운 인원이 공연에 참여할 수 있도록 한다.

제12조 - 일반 조건

12.1 본 계약의 당사자들의 권리와 의무는 본 계약서 이전에 작성된 계약서에 따른 권리를 제외하고는 제3자에게 양도될 수 없다.

12.2 본 계약에서 '불가항력'은 (국가명)법에서 규정하는 법에 따른다. 본 계약의 목적상 '불가항력'은 아래 각 호와 같이 영향을 받는 당사자의 합리적인 통제를 벗어난 상황을 의미하며, '불가항력'에 의하여 본 계약의 의무를 불이행한 경우 해당 당사자는 손해배상 등 계약 위반에 따른 책임을 부담하지 않는다.

12.3 상기의 원칙을 전제하되 그에 국한되지 않고, 다음의 상황들이 '불가항력'의 상황으로 간주된다. (i)천재지변, 폭발, 홍수, 천둥, 폭풍, 화재 또는 사고, (ii)(전쟁 선포의 여부와 관계없이) 전쟁, 교전, 침략, 해외 적국의 행위, (iii)반란, 혁명, 반역, 군사 또는 정권 찬탈 또는 내전, (iv)폭동, 시민 폭동 또는 소요, (v)정부기관 측의 일체의 법, 제한, 규제, 조례, 인가 또는 허가 승인에 대한 거절, 금지 또는 조치, (vi)수·출입 규제 또는 금수 조치, (vii)파업, 직장 폐쇄 또는 기타 여하한 성격의 노동행위 또는 산업 분쟁

12.4 야외 공연의 경우, 우천은 불가항력으로 해당하지 않으며, 다만 계약 주체는 공연의 취소를 결정하기 전에 상호 협의를 통하여 우천 시 공연장소를 대체하거나, 공연시간을 연기하는 방법을 찾아야 한다.

제13조 – 분쟁해결

본 계약의 해석 또는 체결과 관련하여 분쟁이 발생할 경우, 당사자들은 스스로 합의에 이르도록 노력한다. 합의에 실패할 경우, (국가명)법만이 적용되며 도시지방법원이 단독 관할권을 가진다.

[20XX.XX.XX], 본 계약의 당사자는 계약서와 별첨 문서의 모든 장에 서명하고 본 계약과 그 첨부된 문서의 원본을 수령하였음을 확인한다. 본 계약서는 계약 체결일로부터 해당 공연의 마지막 수행일까지 유효하다.

읽고 승인함. _____ 단체명 대표명	읽고 승인함. _____ 단체명 대표명

부록 2. 테크라이더 예시(영문)

(영문)

REVISED 2018 [1]

Technical Rider

Theatres/Performing Arts Centers

This list of technical requests is intended as a guideline. While many venues will have no trouble in meeting these requirements, we understand that others will. Please note that all requests are negotiable. OOO theatre has extensive experience in adapting to a variety of situations while maintaining artistic integrity. Please contact us with any questions or concerns.

Note: If the event is an Education Performance or Non-Traditional Space with minimal set-up, refer to the 'Non-Traditional Space' Rider.

Facility:

A. STAGE REQUIREMENTS

ⅰ. Proscenium opening: 38' Wide x 18' High (ideal 45' x 20')
ⅱ. Stage depth: 35' from plaster line to rear curtain (ideal 40')

---

1) 출처: PUSH Physical Theatre Company www.pushtheatre.org/shows/push-physical-theatre

iii. Wing/offstage space: 10'WidexFullStageDepthunobstructed(ideal20')

iii. Stage surface:

- % Stage must be flat and covered by a black linoleum ('Marley' style) dance floor.
- % Performers are barefoot so performance area, wings, and all offstage walkways (including backstagecrossover) must be swept and damp mopped immediately prior to all rehearsals and performances, andmade free of debris such as nails, screws, staples, tacks, etc.
- % Presenter shall secure the dance floor prior to the 1st rehearsal using 2-inch gaffer tape or similar prior toOOO's arrival. The dance floor must be free of any wrinkles.
- % Presenter shall supply dark carpet for placement in the off-stage wing areas adjacent to the dance floorand carpet over any cables.

i. Temperature: Performance area and dressing rooms should be well heated/cooled to a minimum of 68°F (20°C) and maximum of 90°F (32.2°C) (Ideal temperature range: 70-74°F).

ii. Wireless Internet Access: Presenter agrees to provide an area in the facility (ideally dressing rooms, green room and theatre house) with wireless-internet access.

i. Preparing the theatre prior to load-in: OOO does not carry lighting or sound equipment. Presenter agrees to pre-hang OOO light plot and soft-goods prior to load-in. Pre-hang will include hanging or installing all lighting and sound equipment, cabling, patching, and verifying that all equipment is in proper working order. Dance floor will be prepared and secured prior to OOO's arrival. Video and specials may be set-up and focused upon the arrival of OOO's LD/TD.

B. SOFT-GOODS

Presenter to provide and hang the following soft-goods prior to OOO's arrival according to the line-set agreed upon in advance:

1. 6 to 8 matching black legs (3 to 4 on each side of the stage) sufficient to cover height of grid to floor, and width to cover audience sightlines offstage as well as lighting instruments on off-stage booms.
1. 1 full-stage white cyclorama
2. 1 full-stage Black Traveller Curtain (upstage, in front of the Cyc) OR full-stage Black Scrim (upstage, in front of the Cyc).
3. Tape:
    a. 1 roll of 2" Black Gaffer tape
    b. 1 roll of 1" Glow tape

OOO will provide all other spike tape

C. EXCLUSIVE USE

All facilities provided for OOO use must be secure and kept for exclusive use of OOO during engagement including set-up, rehearsals and performances.

D. WARDROBE

i. Dressing Rooms: Presenter agrees to provide 2 dressing rooms. Each dressing room will provide:

- % Excellent lighting
- % 1 chair and 1 lighted mirror per performer (Mirror lights should be in proper working order)
- % A monitor/paging system
- % Costume racks
- % Adequate power for multiple hair dryers, curlers, etc.
- % Adequate heating/cooling (See item 'A.v: Temperature' above)
- % Immediate access to restrooms with hot/cold running water and showers

i. Wardrobe Room: Presenter agrees to provide a fully secured room centrally located to the dressing rooms with adequate electrical power and water. Presenter will provide the wardrobe room with the following:
- % 1 steam iron and ironing board
- % 1 wardrobe rack
- % Washing machine and dryer

ii. QuickChangeAreas:Presenteragreestoprovideanareainthestage-rightandstage-leftwingspacesequipped with the following:
- % Full-length mirror, small table, chair
- % Red-gelled running lights
- % Rod for hanging costumes

E. GREEN ROOM

Presenter provides a green room centrally located to the stage and dressing rooms. It must be large enough to accommodate catering with a table, refrigerator and seating for 8.

F. MERCHANDISE

Presenter provides 1 six-foot sales table to be placed in the lobby or an alternative prominent area with a cash box and sales person. This area should be sufficient in size for an artist 'meet and greet' following the performance.

G. PARKING

Presenter agrees to provide from 1 to 7 safe, secure parking spaces close to the theatre and easily accessible throughout OOO's engagement including set-up, rehearsals and performances.

Personnel: (provided by presenter)

All crew assigned to technical rehearsal must be available for all performances.

- i .1 Senior Stage Technician: Empowered to make logistical decisions concerning the use of the facility, stage and lighting/sound equipment. Must be available for technical rehearsal and performance.
- i .2 Electricians: Hangs, focuses, and troubleshoots lighting system during rehearsals. Pre-sets instruments prior to OOO rehearsal.
- ii .1 Audio/Video Engineer: Sets up and trouble shoots projector and balances sound mix. OOO provides a MacBook for audio and video playback.
- iii .Running Crew:

% 1 Sound/Video Operator: Operates and troubleshoots all audio and video cues from computer via spacebar (provided by OOO using "Q Lab"), cordless hand-held mic, speakers, amplifiers and all sound equipment.

% 1 Light Board Operator: Hangs, focuses, operates and troubleshoots lighting system. Must be able to competently operate the dimmer board used. OOO TD may program and/or run lightboard.

% 1 Deck Hand/Fly-Rail Operator: Will communicate with Stage Manager via intercom headset system, assist with prop placement, operate hazer and fly curtain in/out.

% 1 Wardrobe Person: (For multiple performances only) Will assist with quick costume changes during performance. All costumes must be washed in cold water and hung to air dry following every performance. Some costumes must be ironed prior to all performances.

i .1 Person to run sales table: Handles product sale and money. Records items purchased. Available to assist in set- up, during intermission, pre and post-performance. Sales table must be attended at all times.

Personnel: (provided by OOO)
OOO agrees to provide the following personnel:

i .1 Company Director (also a performer)
i .1 Stage Manager/Technical Director/Lighting Designer
i .5 Performers(with the option to add up to 2 more performers)

Lighting:
A. PRESENTER RESPONSIBILITIES

i. Light Plot shall be hung, circuited, gelled, rough-focused and troubleshot prior to Company's arrival. Any Intelligent Lighting Systems and/or Atmospheric Effects (such as Hazer, Gobo Rotators, etc.) must be in working order prior to Company's arrival. The presenter should ensure that all necessary precautions related to Fire-Code Regulations & Permits be in place for all rehearsals and performances.

i. The presenter will furnish the following items no less than three months prior to performance date:

- % Rep Plot showing all circuited lighting/hang positions, with a corresponding up-to-date Channel Hookup and/or Instrument Schedule.
- % Center Line Section/Ground Plan of Stage showing layout of stage, backstage area, loading dock, audience seating, production
- % facilities, proscenium height, grid height and any obstructions such as ductwork and I-Beams.

- % Inventory of gels and templates (w/template holders), as well as any FX Accessories; also the type of Lighting Control Board used.
- % Inventory of spare lighting instruments for use as Specials; Inventory of Soft Goods. Inventory of Sound Equipment. Inventory of Video Equipment.
- % Contact information for Presenter and House Personnel (including Production Manager, Technical Director, Master

Electrician, Electricians, Sound Engineer, Wardrobe Supervisor, etc...)

B. OOO RESPONSIBILITIES

OOO's Lighting Designer shall provide Presenter with a Light Plot and all requisite paperwork no later than one month prior to scheduled performance date. Substitutions and modifications due to inventory, size of facility or budget are negotiable, however no changes to the plot shall be made without the expressed written consent from Company's Lighting Designer.

C. LIGHT PLOT

Lighting requirements, subject to minor changes pre-approved by the presenter and OOO:

1. Full-Stage, pre-focused Rep Plot (minimum 2-colour Front Wash, 2-3 colour Top Wash, High Sides and/or Template Wash, 2-3 focusable lights per Boom (for side lighting), and 20 - 35 Specials (agreed upon in advance).
1. Six to Eight 10ft. Booms for Side Lighting, behind each Leg SL and SR.
2. Three-Color Cyc Wash from above (and below if ground row is in stock).
3. Dim running lights adequate to light wings and backstage

area, preferably red.

4. Complete black-out conditions onstage and in the house. Presenter agrees to darken, cover or otherwise prevent the emissions of ambient lighting prior to Tech-Rehearsal through performances.

1. All gel colours as specified in advance of the performance.

D. COMPUTER LIGHTING BOARD

The presenter provides a computerised lighting console with at least 120 channels (i.e. ETC Expression, Obsession, ION, EOS, etc...) and an experienced electrician to program/operate it.

E. HAZER

The presenter provides 1 non-toxic Hazer (i.e. Le Maitre G300, or MDG Atmospheres) patched to a light board via DMX or operated by deck hand and piped to a central position on-stage. Glycol-based Foggers are not sufficient.

F. ACCESS TO RIGGING

All lighting instruments must be accessible via ladder, electric lift or catwalk provided by presenter.

G. TECH TABLE

Presenter provides a tech table in the centre of the house for all rehearsals. The tech table shall be equipped with lighting board monitors, a headset for communication with the board operators and a microphone for communication with the performers.

Audio:

A. SOUND SYSTEM

Presenter will provide an adequate sound system including mounting hardware and cabling. To ensure proper audio presentation, the sound engineer and necessary operating equipment shall be situated in the audience area or house tech booth. There must be a clear and unobstructed view from the house mix position at all times

1. The Sound System supplied should be of sufficient size and power to fill the auditorium or audience area with clarity and without overload or delay; must also have adequate Equalisation capability (simple bass/treble control is not sufficient for this production). The system should be capable of reproducing music and live voice at an audible level to the outermost seats without distortion or noise and with appropriate delay lines.
1. Amplifiers and Speakers: The audience system should be a full-range, three-way (minimum) loudspeaker system capable of producing 100 decibel Sound Pressure Level (SPL) at the outermost point of

the audience area with a dynamic range of 20 HZ to 20,000 HZ. The audience system requires a minimum of 2 discrete speaker locations plus one subwoofer with sufficient power to fill the auditorium that can be assigned independently. This would mean a minimum of 3 amplifiers. (1) A stereo pair on the stage for cues and monitor purposes. (2) A house sound stereo pair. (3) A Subwoofer. The stage area monitor speaker system should consist of a minimum of two (2) two-way (minimum) speaker cabinets with a dedicated amplifier system capable of producing 100 decibels SPL over the entire stage area with a dynamic range of 20 HZ to 20,000 HZ. The size and placement of the stage area monitor speaker cabinets must be appropriate for use by a dance company. Monitor mix must be separate from house mix.

1. Playback devices: Apple Laptop computer (provided by OOO) will run both audio and video cues using "Q Lab". The laptop will connect via 1/8" output to soundboard and HDMI or VGA output to the projector. Presenter will provide all cabling. OOO provides the appropriate adapter from the laptop to HDMI or VGA.

B. MICROPHONES

Presenter provides the following:

1. One (1) professional hand-held microphone (preferably cordless) e.g. Shure, Sennheiser, etc. If corded mic is used it must facilitate movement around the stage during performances.
1. Fresh batteries for each microphone for every performance.

C. HEAD-SET COMMUNICATION

Presenter provides the following communication system. Entire system must be pre-set prior to OOO's arrival.

i .A monitoring system should be provided to the dressing rooms and green room that:
- % Provides a clear signal of the stage audio
- % Allows pre-show paging by the stage manager

i .A headset system allowing talk-back communication. Headsets positioned for the following:
- % Stage Manager
- % Sound Engineer
- % Light Board Operator
- % Projectionist (if other than Sound Engineer)
- % Deck Hand - back stage (Wireless headset/beltpack)

Video Projections:

OOO will provide an Apple Macbook with the image sequences in "Q Lab". Presenter provides an 8,000 lumens or brighter projector (projections must be bright enough to clearly show images even when the stage is lit), front or rear projector onto cyclorama. Image dimension should be up to 24' x 24' and above head height when standing onstage. Presenter provides HDMI cabling from Projector to Computer (operated by sound engineer).Projector MUST be dowsed in between uses by either of the following methods listed in order of preference:

1. Remote controlled internal shutter operated by Sound Engineer.
1. Manual dowser operated by additional staff provided by Presenter (i.e cardboard flap over lens).
1. Manual dowser operated by OOO's Stage Manager. Projector must be in tech booth within easy accessfor this option.

Other Services:

A. LOCAL GROUND TRANSPORTATION

The presenter provides all local ground transportation - airport/hotel/venue/restaurants for six to eight people plus luggage. In lieu, the presenter may opt to provide van rentals for the period of time the artist remains under contract. OOO's TD/LD will require transportation to and from the venue on a different schedule to the performers.

B. ACCOMMODATION

The Presenter provides mutually approved hotel accommodation for each night of performance plus the day of arrival.

C. ACCESS TO GYM

The presenter provides access to a fully equipped gym for the duration of the engagement.

D. HOSPITALITY (food)

The presenter provides the following:
  i. All Days: transportation to restaurants/grocery store/market for meals.
  i. Load-in/Tech Rehearsal: Fresh fruit tray, vegetable tray, deli meats, cheese and bread tray, mixed nuts.Beverages: Orange juice, water,

coffee and tea (with cups, cream, etc).

ii. EachPerformance:Onehotmealtoincludeoptionsfor1vegetarianand1 glutenfreeperformer.

i. Additional items: Ice in freezer or cooler for use in case of injuries.

E. TICKETS

The presenter provides OOO 10 complimentary tickets to each performance.

Performance Information:

i. Act 1: OOO repertory will total approximately 40-50 mins

i. Intermission will last approximately 15 mins

ii. Act2: OOO repertory will total approximately 40-50mins

- Late Seating is at the discretion of OOO's Stage Manager.
- OOO will provide Pre-Show and Intermission Music. Any pre-show announcement by the theatremust be communicated to the OOO Stage Manager prior to the engagement.
- OOO will provide photos and information to be displayed in the theatre lobby.
- Sound, lights and stage management will all operate from the tech booth in the house or a house mixposition at the rear of the orchestra level of the house.
- Program Information will be provided by OOO.
- One six-foot sales table will be placed in the lobby or area where it is in the 'flow of traffic' for the mostexposure. Sales table must be attended at all times

Typical Work Schedule

:(Times to be confirmed prior to contract signing)

Any TV, radio, Newspaper interviews or other activities will affect the schedule and should be planned for in advance.

Prior to arrival of OOO:

1. Hang or install all lighting, sound equipment, cabling, patching, video projector, hazer.
1. Install communication system.
2. Install and secure the dance floor.
3. Install all soft goods.
4. Prepare dressing rooms, green room, wardrobe.
5. Provide equipment for quick-change areas.
1. Verify all equipment is in proper working order.

NOTE: Ideally, if a venue is available, OOO's TD/LD will focus and program lights and prepare the stage the day prior to the performance.

Day of Performance:

9:00am -12:00am

Load-In with TD/LD, electrical focus, check sound levels.

12:00am -1:00pm

Crew Lunch Break. Performers arrive, arrange sales tables and lobby items. Performers warm-up/spacing rehearsal. TD/LD programs

1:00pm - 2:30pm

Light board Cue to Cue with performers.

2:30pm – 3:00pm

Trouble-shoot technical issues/problems. Notes for crew and performers.

3:00pm – 5:00pm

Continue Cue to Cue if necessary, and/or Run Thru.

5:00pm – 6:00pm

Crew Dinner. Performers have access to the stage if necessary.

6:30pm – 6:45pm

Crew & Performer Call. Performers warm-up on stage during lights and sound check.

6:45pm

Wet mop stage.

7:00pm

House opens.

7:30pm – 9:30pm

PERFORMANCE

Signature:

Signature of this Technical Rider implies that the Presenter and his or her agents, including theatre managers, technical directors and operating staff agree to all of the above requirements unless specifically amended in writing and agreed to by the Company Artistic Director and Company Production Manager.

AGREED:

_____   _____

Presenter   Date

부록 3. 무대용어 정리

• 프로시니엄 극장을 기준으로 한 무대 공간의 영문 표기

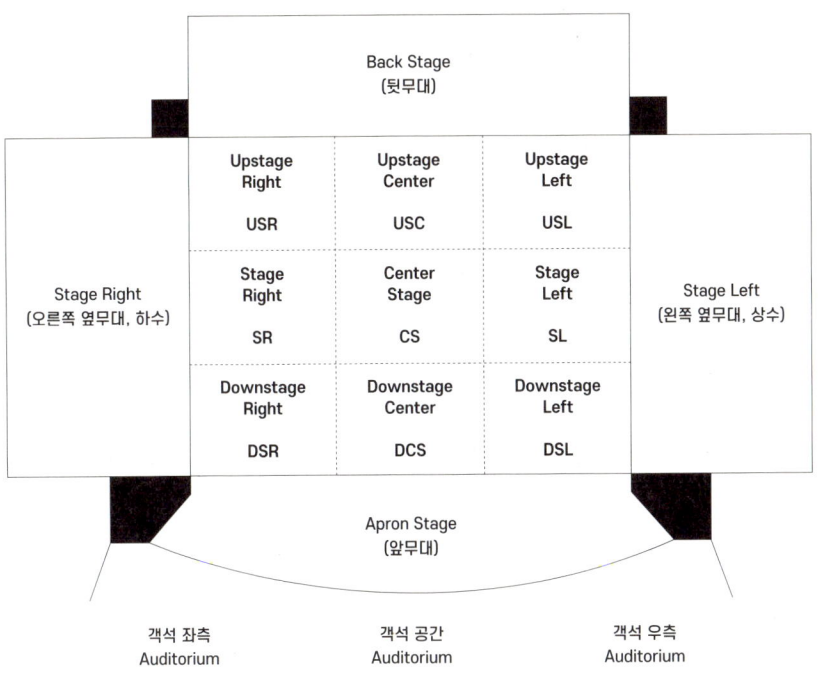

Tip 복잡한 무대용어, 영어로는 어떻게 말하지?

국제적으로 통용되는 무대용어를 확인하기 위해서는 국립중앙극장에서 발간한 '무대예술용어집'을 참고해 보자. 온라인으로 무료 공개되어 있는 자료집으로, 색인 검색을 통해 필요한 무대용어의 뜻과 영문 표기법을 찾아볼 수 있다.

www.staff.or.kr

예술경영지원센터 예술산업아카데미총서 2
공연예술 해외진출 가이드

지은이	임현진
기획	(재)예술경영지원센터 인재개발팀
초판	1쇄 펴낸날 2024년 2월 29일

주관   (재)예술경영지원센터
03082 서울시 종로구 대학로 57 (연건동) 홍익대학교 대학로 캠퍼스 교육동 3층, 12층
전화 (02)708 2244
webmaster@gokams.or.kr
www.gokams.or.kr

출판   ㈜이음스토리(대표 황용구)
출판 등록 2011년 8월 26일
출판사신고(등록)번호 제2022-000019호
05353 서울특별시 강동구 천호대로 1121, 1405호
전화 (02) 964 0561, 팩스 0505 905 0561
eum@eumstory.net
www.eumstory.net

인쇄	새한문화사
디자인	윤지예
자문	이희진

ⓒ 예술경영지원센터 2024

ISBN 978-89-98555-25-2
ISBN 978-89-98555-23-8(세트)

Font
내지: 을유1945, 에스코어 드림, Gowun Dodum, Adobe Garamond Pro, Noto Sans KR, ITC Avant Garde Gothic Std
표지: Noto Sans KR, ITC Avant Garde Gothic Std

※ 이 책의 저작권은 예술경영지원센터가 소유하며, 저작권법에 의해 보호를 받는 저작물이므로 무단 전재와 복제를 금합니다.